Max Schulz

Wie Streaming-Dienste den TV-Markt revolutionieren

Das neue Mediennutzungsverhalten und seine Auswirkungen auf das klassische Fernsehen

Bibliografische Information der Deutschen Nationalbibliothek:

Die Deutsche Nationalbibliothek verzeichnet diese Publikation in der Deutschen Nationalbibliografie; detaillierte bibliografische Daten sind im Internet über http://dnb.d-nb.de abrufbar.

Impressum:

Copyright © Science Factory 2019

Ein Imprint der Open Publishing GmbH, München

Druck und Bindung: Books on Demand GmbH, Norderstedt, Germany

Covergestaltung: Open Publishing GmbH

Zusammenfassung

Die vorliegende Bachelorarbeit widmet sich dem veränderten Mediennutzungsverhalten und seinen Auswirkungen auf den klassischen TV-Markt. Neben einem Einblick in die historische Entwicklung des Fernsehens wird darin unter anderem dargestellt, wie sich das klassische Fernsehgerät im Laufe der Zeit technisch weiterentwickelt hat und dadurch Teil eines vernetzten Heims wurde. Darüber hinaus führt die vorliegende Arbeit auf, wie es zu einer Fragmentierung der Medienlandschaft gekommen ist und weshalb sich darin neue Akteure aus branchenfremden Bereichen etablieren konnten.

Auch die Aufhebung der Linearität analoger Medien und die daraus resultierenden zeit- und ortssouveränen Nutzungsmöglichkeiten, werden in der vorliegenden Arbeit ausführlich thematisiert. Insbesondere werden dabei die neuen Video-on-Demand-Angebotsformen sowie deren Anbieter betrachtet und dargestellt, welche Relevanz diese innerhalb der verschiedenen Altersgruppen eingenommen haben. Dabei lässt sich erkennen, dass vor allem die jüngere Altersgruppe dazu neigt VoD-Angebote dem klassischen linearen Fernsehen vorzuziehen. Auch die Beliebtheit der verschiedenen Endgeräte – insbesondere die Entwicklung des Smartphones zu einem omnipräsenten Alltagsbegleiter – wird dabei näher beleuchtet.

Des Weiteren zeigt die vorliegende Arbeit auf, dass sich durch die Verschmelzung der non-linearen mit der linearen Welt neue Möglichkeiten der individualisierten Zielgruppenansprache ergeben haben. Folglich ist es auch zu Veränderungen und Anpassungen innerhalb der Kommunikationsstrategie und des Mediamixes der Werbekunden gekommen, die zu Verschiebungen der Werbeausgaben geführt haben. Im Laufe der Zeit hat sich daher bei vielen Werbetreibenden eine ganzheitliche Bewegtbildstrategie entwickelt, die sowohl lineares als auch non-lineares Bewegtbild beinhaltet und fehlende Werbekontakte crossmedial ergänzt.

Abschließend lässt sich sagen, dass sich die klassischen Fernsehsender auch weiterhin auf kontinuierliche Veränderung und wachsende Komplexität einstellen müssen. Es empfiehlt sich daher in hochwertige, unique Inhalte sowie die Attraktivität der Angebote zu investieren, um dem veränderten Mediennutzungsverhalten auch künftig gerecht zu werden und sich dadurch von anderen Anbietern im Markt abzugrenzen.

Executive Summary

This bachelor thesis deals with the changed media usage behavior and its effects on the classical TV market. In addition to an insight into the historical development of television, it shows how the classic TV has evolved over time technically and became part of a networked home (Smart Home). In addition to that, the present work shows how fragmented the media landscape has become and why new players from non-industry sectors have been able to establish themselves there.

The abolition of the linearity of analogue media and the resulting potential for use in terms of time and location are also discussed in this work. In particular, the new video-on-demand forms as well as their providers are considered and presented, which relevance these have taken within the different age groups. It can be seen that especially the younger age group tends to prefer VoD offers. The popularity of the various devices - especially the development of smartphones to an omnipresent everyday companion - will be highlighted.

Furthermore, the present work shows that the fusion of the non-linear and the linear world has given rise to new possibilities of individualized target group communication. As a result, there have been changes and adjustments in the communication strategy and media mix of advertisers, which have led to shifts in advertising spending. In the course of time, many advertisers have developed an integrated moving image strategy that includes both (linear and non-linear moving images) and complements missing advertising contacts cross-medially.

In conclusion, classical TV channels must continue to adapt to continuous change and growing complexity. It is therefore advisable to invest in high-quality, unique content as well as the attractiveness of the offers in order to be able to cope with the changed media usage behavior in the future and differentiate itself from other providers in the market.

Inhaltsverzeichnis

Abbildungsverzeichnis

1 Einleitung

Noch nie hat sich die Medienlandschaft in Deutschland so dynamisch entwickelt wie in den letzten Jahren. Über den Smart-TV sowie über die mobilen Devices, wie beispielsweise Smartphones oder Tablets, eröffnen sich dem Nutzer neue Zugangswege zu immer vielfältigeren Medienangeboten. Insbesondere die Angebote des immer digitaler werdenden Bewegtbildmarktes haben sich in den vergangenen Jahren stark verändert.

Der technische Fortschritt und die damit verbundene Digitalisierung haben die Möglichkeiten medialer Kommunikation in den vergangenen Jahren maßgeblich verändert. Durch die Vernetzung der Medien mittels des Internets, sowie die Verbreitung mobiler Endgeräte, sind neue inhaltliche Informations- und Unterhaltungsangebote und neue Nutzungsweisen entstanden. Dies hat zur Folge, dass es zu verschiedenen Konvergenzprozessen technischer, gesellschaftlicher und ökonomischer Art gekommen ist.

Mit Blick auf das klassische lineare Fernsehen bedeutet dies, dass sich neue Akteure, wie beispielsweise Netflix und Amazon Video, im Markt etablieren konnten und Streaming eine neue Art des Sehens ermöglicht. Der Zuschauer profitiert von einer verstärkten Nutzerzentriertheit und hat die Möglichkeit, selbstbestimmt über das Programm zu entscheiden. Er kann sehen was er will, wann er will und wo er will. Dies stellt auch die etablierten Fernsehunternehmen vor eine Herausforderung, da die Konkurrenz um den Zuschauermarkt – besonders innerhalb der jüngeren Altersgruppe – immer größer geworden ist.

Es stellt sich daher zunehmend die Frage, welche Relevanz das klassische lineare Fernsehen künftig noch haben wird und wie groß die neu entstandene Streamingportal-Konkurrenz mittlerweile eigentlich wirklich ist.

Die vorliegende Bachelorarbeit greift dieses Thema auf und zeigt, welche Auswirkungen das veränderte Mediennutzungsverhalten auf den klassischen TV-Markt hat. Darüber hinaus werden die Herausforderungen aufgezeigt, die sich dadurch für die traditionellen Fernsehsender ergeben und dargestellt mit welchen Maßnahmen diese versuchen dem fortschreitenden Trend der Zuschauerabwanderung entgegenzuwirken.

2 Der Bewegtbildmarkt im Wandel der Zeit

Die Entwicklung des deutschen Fernsehsystems durchläuft mit der gegenwärtigen Digitalisierung eine wichtige Phase, die zu einem Strukturwandel des Mediensystems beigetragen hat.

Um ein Gefühl dafür zu bekommen, in welcher Situation sich die deutsche Fernsehlandschaft derzeit befindet und zu welchen Meilensteinen es innerhalb der bisherigen Fernsehgeschichte bereits gekommen ist, beschäftigen sich die folgenden Kapitel unter anderem mit der Entstehungsgeschichte und der historischen Entwicklung des Fernsehens. Des Weiteren wird dargestellt, wie sich das klassische Fernsehgerät im Laufe der Zeit technisch weiterentwickelt hat und mittlerweile Teil eines vernetzten Heims geworden ist.

Darüber hinaus wird die zunehmende Fragmentierung thematisiert, sowie die konvergenten Entwicklungen innerhalb des Marktes analysiert.

2.1 Die historische Entwicklung des Fernsehens

Der Grundstein für die Übertragung von bewegten Bildern wurde im Jahre 1884, mit der Entwicklung der Nipkow-Scheibe, gelegt.[1] Bilder konnten fortan in Helldunkelsignale zerlegt und auch wieder zusammensetzt werden. Mit der Entwicklung der Kathodenstrahlröhre im Jahr 1897, die auch als Braunsche Röhre bezeichnet wird, konnten Bildinformationen nun auch übertragen werden.[2]

Die erste technisch gesehene Fernsehübertragung fand im Rahmen der Internationalen Funkausstellung (IFA) im Jahr 1928 in Berlin statt und gilt damit als die Geburtsstunde des Fernsehens. Ab Mitte der 30er-Jahre konnten Fernsehsendungen zudem in Bild und Ton übertragen werden, sodass unter anderem auch die Olympischen Sommerspiele, welche im Jahr 1936 in Berlin stattfanden, am Fernsehgerät verfolgt werden konnten. Da es zu diesem Zeitpunkt jedoch nur wenige Fernsehempfänger bzw. Empfangsgeräte gab, wurden in den deutschen Großstädten vermehrt öffentliche Fernsehstuben eingerichtet, welche jedoch vor allem für Propagandazwecke des NS-Regimes genutzt worden waren.[3]

---

[1]   Vgl. Fischer [2016], S. 735.

[2]   Vgl. Groebel [2014], S. 11.

[3]   Vgl. Breunig [2005], S. 160 f.

„Vor dem Hintergrund der Erfahrungen mit einem gleichgeschalteten Mediensystem im totalitären Nationalsozialismus sorgten die Alliierten zwischen 1945 und 1949 für eine Neuordnung von Presse, Film und Rundfunk, die bis heute nachwirkt."[4] Aufgrund der politischen Bedingungen der unmittelbaren Nachkriegszeit, sowie den Bemühungen der Alliierten um eine Demokratisierung Deutschlands, wurden nach dem Zweiten Weltkrieg in der Bundesrepublik Deutschland zunächst nur öffentlich-rechtliche Landesrundfunkanstalten zugelassen.[5]

Im Jahr 1952 begann der erste deutsche Fernsehsender, die heutige ARD, mit dem Sendebetrieb und strahlte erstmals die Tagesschau aus.[6] Am 10. Juli 1962 wurde mit dem Satelliten Telstar der erste aktive Nachrichtensatellit in seine Umlaufbahn gebracht. Im Laufe der 60er-Jahre kamen dadurch weitere öffentlich-rechtliche Sender mit hinzu und immer mehr Haushalte investierten, angesichts der wachsenden Popularität sowie der verbesserten Empfangsqualität, in ein entsprechendes Fernsehgerät. Mit der Einführung des Farbfernsehens in der Ära Willy Brandts (Internationalen Funkausstellung 1967 in Berlin), wurde ein neues Zeitalter des Fernsehens eingeleitet. Das Fernsehen wurde dadurch immer mehr zu einem Massenmedium und gewann zunehmend an Bedeutung.[7]

In den 1980er Jahren erfolgte die Einführung des Videotextes, wodurch erstmalig programmergänzende Daten mit ausgestrahlt werden konnten.[8] Darüber hinaus entstanden mit Kabel und Satellit neue Empfangswege, die eine erhöhte Übertragungskapazität besaßen und dem Zuschauer dadurch eine höhere Anzahl an Programmen liefern konnten. Der Weg für viele neue, nunmehr privatwirtschaftlich organisierte Kanäle war geöffnet und aufgrund des vierten Rundfunkurteils des Bundesverfassungsgerichts vom November 1986, nun auch politisch gewünscht und rechtlich zulässig.[9] Seitdem existiert in Deutschland das duale Rundfunksystem, welches aus öffentlich-rechtlichen sowie privaten Programmanbietern besteht.

---

[4]   Beck [2018], S. 382.

[5]   Vgl. Bundeszentrale für politische Bildung [2017], o.S.

[6]   Vgl. Beyer [2016], S. 197 f.

[7]   Vgl. Groebel [2014], S.13.

[8]   Vgl. Fischer [2016], S. 4.

[9]   Vgl. Breunig [2005], S. 203.

2.2 Vom Fernseher zum Smart-TV HbbTV 2.0

Aufgrund der Digitalisierung und des technischen Wandels hat der Fernseher seine eindimensionale Existenz verlassen und gilt zunehmend als Schaltzentrale verschiedener Anwendungen.

Unter dem Begriff „Smart TV" werden meist alle Dienste und Angebote zusammengefasst, die auf dem Fernseher über das Internet verfügbar sind. Fernseher werden zunehmend mit integriertem Internetzugang designed, sowie vorinstallierter und herunterladbaren Applikationen ausgestattet und bieten dem Nutzer dadurch immer komplexere Möglichkeiten der Interaktion. Während der Begriff Smart TV eher allgemein gehalten ist, bezeichnet die Abkürzung „HbbTV" (Hybrid Broadcast Broadband Television) einen offenen Standard, der es ermöglicht, umfangreiche Informations- und Navigationsverknüpfungen zum laufenden Programm zu empfangen.[10] Die Technologie dahinter gilt als inoffizieller Nachfolger des antiquierten Videotextes und verknüpft TV- mit Internetinhalten.[11]

Darüber hinaus hat sich mit „Over-the-Top-Fernsehen" (OTT) eine neue Technik entwickelt, die das Streamen von Bewegtbild ohne die Beteiligung eines Internet-Service-Providers, ermöglicht. Hierzu zählen unter anderem die bezahlpflichtigen Streamingangebote von Netflix, Amazon Prime, Sky Go, Dazn und dem Eurosport Player.[12]

Die unten dargestellte Abbildung 1 zeigt, dass sich der Anteil von Smart-TVs am klassischen TV-Absatz in den vergangenen Jahren stark erhöht hat. Mittlerweile haben mehr

---

[10] Vgl. Groebel [2014], S. 17.
[11] Vgl. Huber [2013], o.S.
[12] Vgl. Fischer [2016], S. 650 f.

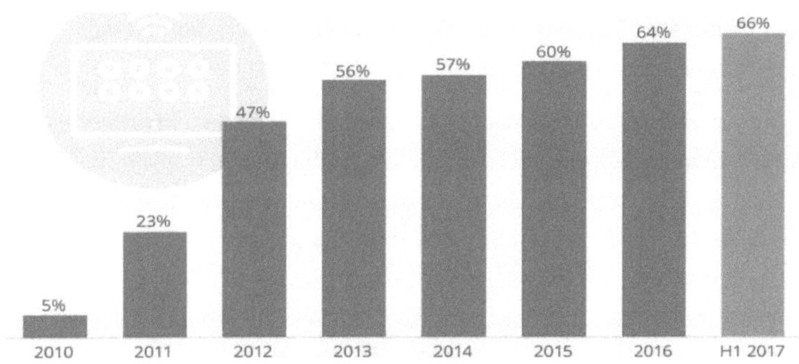

Abb. 1: Anteil von Smart TVs am TV-Absatz in Deutschland (in %)
(Quelle: Statista GmbH [2017], o.S.)

als zwei Drittel der heutzutage verkauften Fernsehgeräte einen Zugang zum Internet. Es ist davon auszugehen, dass sich dieser Wert auch in den kommenden Jahren weiterhin erhöhen wird, da mittlerweile fast ausschließlich internetfähige Fernseher produziert werden. Erkennbar ist dieser Trend auch in Abbildung 2, die aufzeigt, dass in Deutschland bereits 18,09 Mio. Haushalte ihren Smart TV ans Internet angeschlossen haben.

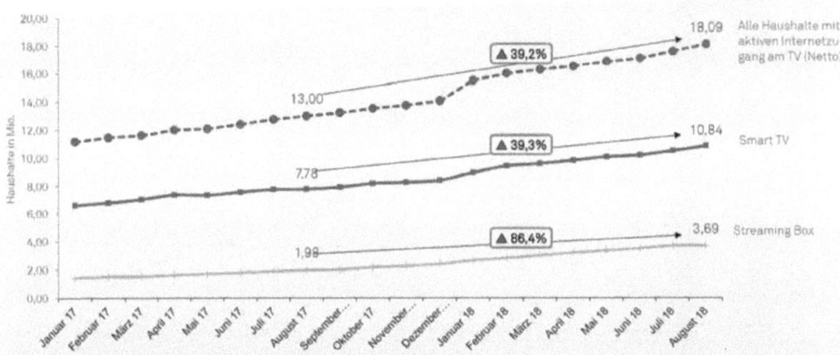

Abb. 2: Anteil der Haushalte in Deutschland mit ans Internet angeschlossenem Smart TV
(Quelle: AGF Videoforschung GmbH [2018], S.1)

Durch den technischen Fortschritt hat sich in den vergangenen Jahren auch die Bildqualität stark verbessert. Heutzutage verfügt die Mehrheit der Fernsehgeräte über den sogenannten HDTV-Standard (High Definition Television). Darüber hinaus ist mit UHDTV (Ultra High Definition Televison) der Startschuss zum ultra-hochauflösenden Fernsehen gefallen.[13]

Auch heute noch gilt der Fernseher für viele Menschen als Prestigeobjekt, bei dem es vor allem auf die Dominanz der Bildschirmdiagonale, sowie den neuesten Stand der Technik ankommt. „Im Zuge der sehr schnellen Einführung und Verbreitung neuer Bildschirmtechnik, wie LCD, dann LED und parallel dazu Plasma, wurde zügig der herkömmliche Fernsehapparat ersetzt. Die sinkenden Preise haben die Schwelle zum Erwerb eines hochauflösenden Fernsehgerätes, das gleichzeitig auch über Online-Intelligenz verfügt, deutlich herabgesetzt."[14]

Galt der Wechsel von einem Röhren-Fernseher hin zu einem Flachbildfernseher noch vor wenigen Jahren für ein Zeichen von Modernität und Wohlstand, kann sich mittlerweile so gut wie jeder einen guten Fernseher leisten. Dies zeigt auch der in Abbildung 3 abgebildete Verfall des Verbraucherpreisindexes für Fernsehgeräte, der sich von Januar 2011 bis September 2018 mehr als halbiert hat.

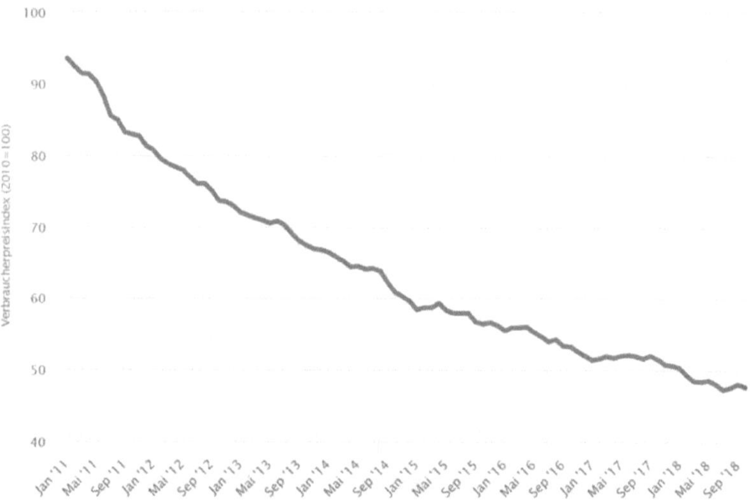

Abb. 3: Monatlicher Verbraucherpreisindex von Fernsehgeräten
(Quelle: Statista GmbH, [2018], o.S.)

---

[13] Vgl. Fischer [2016], S. 5.
[14] Groebel [2014], S. 31.

2.3 Fragmentierung und Konvergenz

„Die Digitalisierung von Kommunikation löst eine Reihe wirtschaftlicher, technischer und sozialer Konvergenzprozesse aus. Dabei stehen nicht nur die Chancen und Potentiale der medialen Vernetzung, Mobilität und gesellschaftlichen Virtualisierung im Vordergrund, sondern auch Herausforderungen bezüglich einer Fragmentierung der Öffentlichkeit, einer Konzentration der Anbieter und neuer Formen der Informationsfilterung oder -selektion."[15]

Seit Beginn des dualen Rundfunksystems im Jahr 1984 vergrößerte sich das Senderangebot in Deutschland stetig.[16] Durch die steigende Anzahl an Programmalternativen diversifizierte sich Diversifizierung die Fernsehlandschaft. Dies wirkte sich auch auf die Durchschnittszuwendung pro Sender aus, welche aufgrund der gleichbleibenden Nachfrage gesunken ist. Ein neues Phänomen namens Zapping etablierte sich durch die wachsende Anzahl an Auswahlmöglichkeiten. Die Fragmentierung des Medienmarktes kennzeichnet daher auch eine Situation, in der die Gesellschaft, aufgrund der Vielzahl an Angeboten, nur noch wenige Medienerfahrungen miteinander teilt.[17]

Auch heute noch kommen regelmäßig neue lineare Sender hinzu, wodurch es leider schier unmöglich erscheint einen exakten Überblick über die Anzahl an Sendern zu geben. Die unten stehende Abbildung 4 soll jedoch einen Eindruck davon geben, wie stark sich die Sendervielfalt in den vergangenen Jahren entwickelt hat und welche digitalen Portale, mit Entstehung des Internets, im Laufe der Zeit dazu gekommen sind.

---

[15] Kimpeler/Mangold/Schweiger [2007], o.S.
[16] Vgl. Handel [2000], S. 22 f.
[17] Vgl. Holtz-Bacha/Peiser [1999], S. 41.

Abb. 4: Fragmentierung des Bewegtbildmarktes
(Quelle: Eigene Darstellung, [2018], o.S.)

Neben den etablierten Fernsehunternehmen konnten sich im Zuge der Digitalisierung auch weitere Anbieter im Markt etablieren. „Verleger sind mit Online-Videos in den Markt eingestiegen, ursprünglich vor allem Hardware produzierende Unternehmen wie Apple bieten audiovisuelle Inhalte und andere wie Google und Yahoo kommen aus der Web-Welt. Ganz neue Firmen entwickeln eigene Formate oder wollen bestehende verwerten."[18] Dieses Phänomen der Annäherung von zuvor unverbundenen Bereichen wird auch als Konvergenz bezeichnet. Bei konvergenten Prozessen kann es aufgrund von Wechselwirkungen zu Innovationen kommen. Es werden dadurch neue Marktsturkuren geschaffen, die zu einer Veränderung bisheriger Wertschöpfungsaktivitäten führen können.

Die Grenzen innerhalb der Medien-Teilmärkte verschwimmen immer stärker und der publizistische sowie der ökonomische Wettbewerbsdruck nehmen deutlich zu. Darüber hinaus hat sich eine branchenfremde Konkurrenz entwickelt, die im Gegensatz zu klassischen Medienunternehmen keinerlei journalistische Kompetenz besitzt. Hierzu zählen vor allem Unternehmen aus dem Telekommunikationsbereich, welche den technischen Zugang ermöglichen, sowie eine Vielzahl an neuen Akteuren, die beispielsweise Onlineplattformen für Blogs, Podcasts, Suchmaschinen, Social Networks und Videos betreiben.[19]

Der aktuelle Wandel im Bewegtbildmarkt und die Investitionen in neue Technologien sorgen dafür, dass es zum Abbau von Arbeitsplätzen in traditionelleren Berufen kommt (bspw. der klassische Fernsehtechniker). Jedoch darf nicht außer Acht gelassen werden, dass dadurch auch viele neue Arbeitsplätze entstehen, die es zuvor in dieser Art und Weise noch nicht gegeben hat. Die Grenzen zwischen

---

[18]   Groebel [2014], S. 57.
[19]   Beck [2018], S. 396.

redaktionellen und technischen Arbeiten verschmelzen dabei immer mehr und das Aufgabenspektrum wird vielfältiger und komplexer.

Die oben aufgeführten Verschiebungen im Marktumfeld, lassen sich auch gut anhand des „Five-Force-Modell der Branchenstrukturanalyse" von Michael E. Porter verdeutlichen (siehe Abbildung 5).

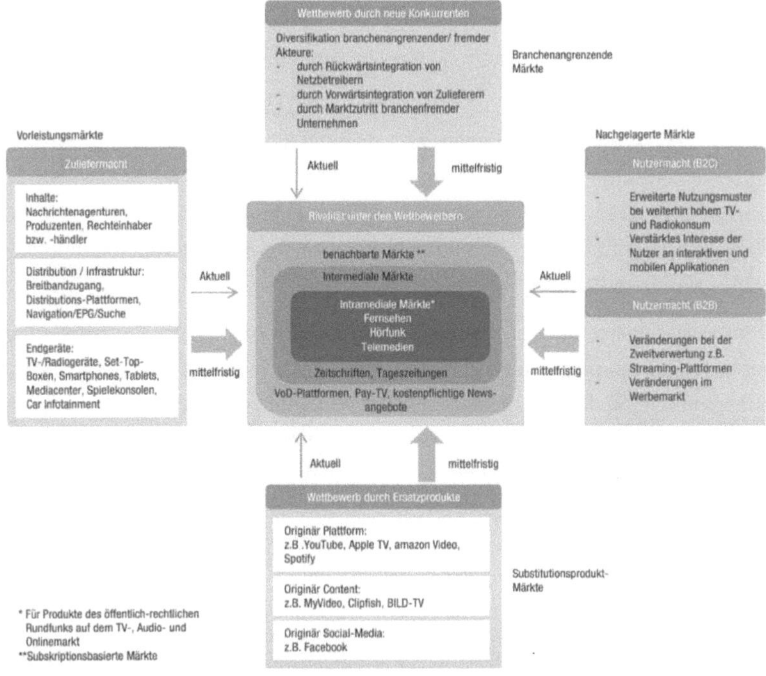

Abb. 5: Marktumfeld für Fernseh- und Radioanbieter
(Quelle: Egger, A./Eimeren, B. [2016], S. 109, in Anlehnung an Michael E. Porter)

In der oben aufgeführten Abbildung ist zu erkennen, dass die Rivalität unter den Wettbewerbern verstärkt zugenommen hat. Im intramedialen Wettbewerb ist es dazu gekommen, dass sich im Laufe der Zeit neue Sender etabliert haben und im intermedialen Wettbewerb wurden neben einer Vielzahl an redaktionellen Internetangeboten auch neue Print-Produkte (bspw. BARBARA, Chefkoch, usw...) erfolgreich im Markt etabliert.

Darüber hinaus sind mit YouTube, Facebook, Amazon, Netflix und Co. in den vergangenen Jahren viele Unternehmen abseits der klassischen linearen Fernsehwelt entstanden, die mit ihren digitalen Portalen Substitute auf den Markt gebracht haben, wodurch sich der Wettbewerbsdruck zusätzlich verstärkte. [20]

Auch Unternehmen aus angrenzenden Märkten versuchen mit neuartigen Streamingportalen im Bewegtbildmarkt Fuß zu fassen. Die Deutsche Telekom hat mit Magenta TV (ehemals Entertain TV) ein Streaming-Angebot geschaffen, bei dem es unter anderem die Möglichkeit gibt, die Wiedergabe ausgewählter Sendungen verzögert zu starten (7-Tage-Replay), laufende Sendungen von Anfang an (Restart) und laufende Formate jederzeit anzuhalten und verspätet weiterzusehen (Timeshift).[21]

Des Weiteren gewinnen Unternehmen, die in den vor- und nachgelagerten Märkten agieren, zunehmend an Bedeutung. Zulieferer, wie bspw. Rechteinhaber oder Lizenzgeber, erfreuen sich an der Anzahl gestiegenen Verwertungsmöglichkeiten, ebenso die Hersteller der jeweiligen Endgeräte, bei denen es zu hohen Abverkaufszahlen kommen kann.

Der nachgelagerte Markt ist vor allem durch den Nutzer des jeweiligen Mediums geprägt. Diesem bieten die verstärkte Wettbewerbssituation und das hohe Medienangebot völlig neue Möglichkeiten des Verweilens. Er hat Freude daran, sich mit den neuen innovativen Applikationen zu beschäftigen und profitiert davon, selbstbestimmt entscheiden zu können, wann, wie und wo er welche Sendung sehen möchte.

---

[20] Vgl. Egger/Eimeren [2016], S. 109 f.
[21] Vgl. Schader [2016], o.S.

3 Die digitale Transformation des Bewegtbildmarktes

„Die Aufhebung der narrativen Linearität analoger Medien und die Erosion kollektiver Rhythmen, bei der die Zeitform als abstraktes Prinzip den Inhalt überlagert hin zu einer zeit- und ortssouveränen Inhaltsnutzung „on demand" stehen für einen Wandel traditioneller Nutzungsstile."[22]

Die Auswirkungen der digitalen Transformation des Bewegtbildmarkts lassen sich am plakativsten daran erkennen, dass die Anzahl an herkömmlichen Videotheken in den vergangenen Jahren stark zurückgegangen ist. Der Interessenverband des Video- und Medienfachhandels in Deutschland e.V. konnte gegen Ende des Geschäftsjahres 2017 noch insgesamt 587 herkömmliche Videotheken in Deutschland verzeichnen. Ein Jahr zuvor hatte dieser Wert noch bei insgesamt 914 gelegen.[23] Den klassischen stationären Videotheken fehlt es an Kunden. Konnten Videotheken in der Vergangeheit noch mit einem breiten Angebot von Filmen aus sämtlichen Genres punkten, haben diese in der heutigen Zeit keinerlei Chance mehr gegen die Vielzahl an Online-Anbietern. „Das Geschäftsmodell der Videotheken wurde eins zu eins ins Internet übertragen - anstatt in ein Geschäft zu gehen, eine DVD auszuleihen und später zurückbringen zu müssen, reichen heute ein paar Klicks."[24]

Erkennbar ist dies auch mit Blick auf die unten stehende Abbildung 6. Diese zeigt die Anzahl der aktiven Videokonsumenten nach ihrem Zugang zu Videos in Deutschland in den Jahren 2012 bis 2017. Dabei ist zu erkennen, dass die Anzahl der Personen, die ihre Filme physisch bei Videotheken ausgeliehen haben, in den vergangenen fünf Jahren stark zurückgegangen ist. So lag die Anzahl derjenigen, die sich einen Film in der Videothek ausgeliehen haben im Jahre 2012 noch bei insgesamt 6,2 Mio. Nutzerinnen und Nutzern. Im Jahr 2017 jedoch nur noch bei 2,6 Mio. Nutzerinnen und Nutzern. Auch die Anzahl an Personen, die sich für den häuslichen Filmgenuss eine DVD kauften, ist in den vergangenen Jahren von 15,9 Mio. in 2012 auf 10,9 Mio. in 2017 immer weiter gesunken. Dahingegen haben sich die digitalen Verkäufe über Streamingportale und Video-on-Demand-Lösungen in den vergangenen Jahren stark erhöht (siehe Entwicklung von SVoD, TVoD und EST in

---

22 Hachenberg/Schunk [2018], S. 189.

23 Vgl. Interessenverband des Video- und Medienfachhandels in Deutschland e.V. [2017], o.S.

24 Kerkau [2018], o.S.

Abbildung 6). Die Ursache hierfür liegt in den bereits in den vorherigen Kapiteln beschriebenen technologischen Entwicklungen.

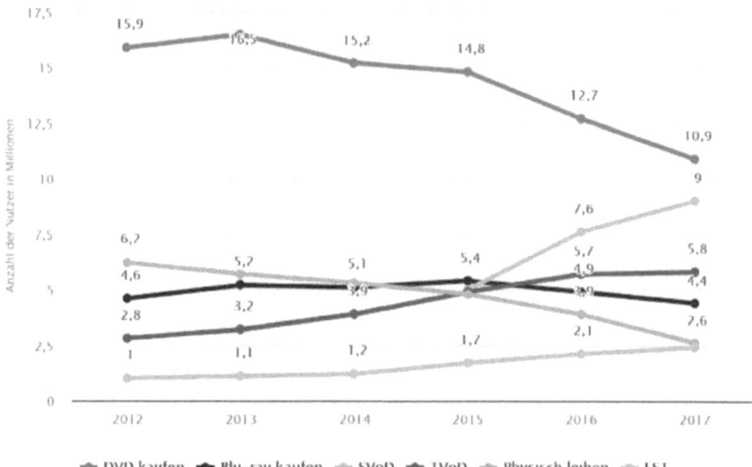

Abb. 6: Anzahl der aktiven Videokonsumenten nach ihrem Zugang zu Videos in Deutschland in den Jahren 2012 bis 2017 (in Millionen)
(Quelle: Statista GmbH [2019a], o.S.)

3.1 „Video on Demand" – Begriffsdefinitionen und Abgrenzungen

Video-on-Demand (VoD) bezeichnet die Möglichkeit, Zuschauer auf Anfrage mit Videomaterial über das Internet zu beliefern. Bei VoD können Inhalte per Stream oder Download (komplett oder progressiv) abgerufen werden. „Mit Streaming oder Livestreaming bezeichnet man die (Echtzeit-)Übertragung von Inhalten, meist Bild und Ton. Anstelle einer Video-Datei, die erst in Gänze übertragen werden muss, wird beim Streaming ein Strom von Daten übertragen, der parallel beim Empfänger abgespielt wird."[25]

Beim Streaming werden Bilder, Videos und Ton abgespielt, ohne, dass sich der wiedergegebene Inhalt auf dem lokalen Speicher des Wiedergabegerätes befindet. Während dem Streaming-Prozess, erfolgt eine fortlaufende Datenpaketübertragung und die damit verbundene direkte Verarbeitung. [26] Beim progressiven

---

[25] comspace GmbH & Co. KG [o.J.], o.S.
[26] Vgl. Vertical Media GmbH [o.J.a], o.S.

Download hingegen wird das Video auf die jeweilige Festplatte gespeichert und in eine temporäre Datei umgewandelt. Der Unterschied zum klassischen Komplettdownload liegt darin, dass das Video schon beim Downloadvorgang angeschaut werden kann, sofern vorher genügend Daten vorgespeichert worden sind.[27]

Generell wird im VoD-Segment nach Download-to-Rent (Leihe) und Download-to-Own (Kauf) unterschieden. Darüber hinaus haben sich in den vergangenen Jahren verschiedene Bezahlmodelle entwickelt. Die folgende Auflistung soll einen Überblick über die relevantesten VoD-Modelle geben und diese mit jeweils einem Beispiel verdeutlichen.[28]

Advertised-Video-on-Demand (AVoD)

… bezeichnet ein Modell, bei dem die Videonutzung für den Nutzer kostenlos angeboten wird. Ähnlich wie beim klassischen Fernsehen handelt es sich jedoch um ein werbefinanziertes Angebot, daher werden die Nutzer auf dem jeweiligen Portal regelmäßig mit Werbung konfrontiert.

Beispiel: https://www.youtube.com/

Free-Video-on-Demand (FVoD)

… bezeichnet ein Modell, bei dem die Videonutzung vollständig kostenlos angeboten und dem Nutzer keinerlei Werbung ausgespielt wird. FVoD-Portale werden häufig im öffentlichen Auftrag betrieben, ähnlich wie die Mediatheken der öffentlich-rechtlichen Sender in Deutschland.

Beispiel: https://www.ardmediathek.de/ard/

Subscription-Video-on-Demand (SVoD)

… bezeichnet ein abonnementbasiertes Modell (Monats- oder Jahresabonnement), bei dem der Abonnent, gegen eine regelmäßig zu entrichtende Gebühr, unbegrenzten Zugriff auf (i.d.R.) sämtliche Programminhalte erhält.

Beispiel: https://www.netflix.com/de/

Transactional-Video-on-Demand (TVoD)

… bezeichnet ein Geschäftsmodell bei dem Inhalte im Einzelabruf, also nach tatsächlicher Nutzung, abgerechnet werden (Pay-per-View-Basis). TVoD lässt sich

---

[27] Vgl. Kaumanns/Siegenheim [2006] S. 622 f.
[28] Vgl. Schulze-Siebert [2014], o.S.

darüber hinaus in zweierlei Bereiche unterteilen. Einerseits gibt es die Möglichkeit zeitlich begrenzt auf eine Anwendung (Spielfilm o.ä.) zuzugreifen, andererseits besteht jedoch auch die Möglichkeit mittels Electronic-Sell-Through (EST) ein zeitlich unbeschränktes Nutzungsrecht zu erwerben, welches dem Nutzer dadurch einen dauerhaften Zugriff ermöglicht.

Beispiel: https://www.apple.com/de/itunes/video/

3.2 Relevante Akteure innerhalb des VoD-Marktes

Um ein besseres Verständis dafür zu bekommen, welche Akteure innerhalb des VoD-Marktes tätig sind und welche Relevanz diese im Nutzermarkt haben, gibt die unten stehende Abbildung 7 einen guten Überblick über die derzeitige Situation in Deutschland.

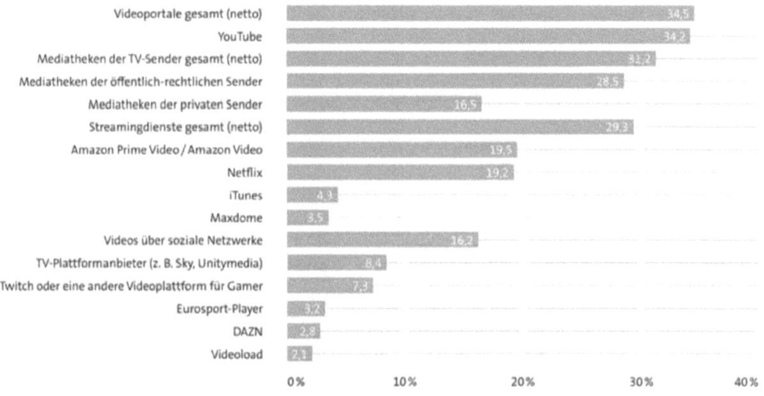

Abb. 7: Genutzte VoD-Angebote (Nutzung mind. Einmal im Monat)
(Quelle: die medienanstalten – ALM GbR [2018], S. 49)

Die oben aufgeführten Ergebnisse, die im Rahmen des Digitalisierungsberichts der Medienanstalten in Auftrag gegeben worden sind, zeigen, dass insgesamt 34,5 % der deutschen Bevölkerung ab 14 Jahren, mindestens einmal im Monat Videoportale nutzt. Unangefochten auf Platz 1 der meistgenutztesten Videoportale in Deutschland steht dabei Youtube mit monatlich knapp 24 Mio. Nutzern (34,2%).

„Die Mediatheken der Fernsehsender haben in diesem Jahr erstmals die 20 Mio.-Markegeknackt und erreichen mit ihren Angeboten gut 31,2 % der Bevölkerung. Fast jeder Dritte (29,3 %) nutzt die Angebote von Amazon (Prime Video), Netflix oder einem anderen Streamingdienst, das entspricht einem Wachstum von 27 %

gegenüber dem Vorjahr."[29] Die Nutzung von Streamingdiensten liegt damit nur noch knapp hinter den Mediatheken der TV-Sender.

Darüber hinaus liegt Netflix mit einer regelmäßigen Nutzung durch 19,2% der Bevölkerung nur noch knapp hinter seinem Konkurrenten Amazon (Prime Video) (19,5 %). Trotz Bezahlschranke (auch Pay-Wall genannt) erreichen die beiden SVoD-Angebote jeweils ca. 13,5 Mio. Personen und sind damit größer als die Mediatheken der privaten Sender, die zusarmmen lediglich 11,6 Mio. regelmäßige Nutzer erreichen. Es darf hierbei jedoch nicht außer Acht gelassen werden, dass SVoD-Abonnements häufig auch von mehreren Personen genutzt werden und es darüber hinaus auch häufiger zu kostenfreien Test-Abonnements kommt.[30]

Prime Video (ehemals Amazon Video), ist durch den Zusammenschluss aus Amazon Prime und der von Amazon betriebenen Onlinevideothek Lovefilm im Jahre 2014 entstanden. Die kostenpflichtige Prime-Mitgliedschaft liegt bei 5,75€ im Monat (bei jährlicher Zahlung) und bietet neben einer Vielzahl an Spielfilme und Serien auch die Möglichkeit Musik zu streamen. Darüber hinaus entfallen als Prime-Mitglied weitestgehend die Versandkosten beim Online-Shopping auf Amazon.de.[31]

Zu einem der größten SVoD-Konkurrenten von Amazon im deutschen sowie interantionalen Markt zählt vor allem das US-amerikanische Unternehmen Netflix. Dieses wurde im Jahre 1997 von Reed Hastings und Marc Randolph in Kalifornien gegründet und begann zunächst als Online-Filmverleih mit klassischem DVD-Versand. Zehn Jahre später entwickelte sich Netflix zu einen Streamingportal, das im Laufe der Zeit zunehmend in eigene (exklusive) Inhalte investierte und sich dadurch weltweit etablieren konnte.[32] Heute ist Netflix als SVoD-Portal mit 130 Millionen zahlenden Mitgliedern in über 190 Ländern aktiv und bietet Zugriff auf eine große Auswahl an Serien, Dokumentationen und Spielfilme in zahlreichen Sprachen.[33] Netflix bietet verschiedene Abo-Varianten, die sich lediglich in der Bildqualität (HD oder UHD), sowie bei der Anzahl der Geräte auf denen Netflix gleichzeitig gesehen werden kann, unterscheiden. Preislich liegen diese zwischen 7,99€

---

[29] die medienanstalten – ALM GbR [2018], S. 48.
[30] Vgl. die medienanstalten – ALM GbR [2018], S. 48.
[31] Vgl. Bärler [2018], o.S.
[32] Vgl. Jacobsen [2017], S. 231.
[33] Vgl. Netflix Inc. [2019], o.S.

und 13,99€ pro Monat, wobei für den ersten Nutzungsmonat keine Kosten in Rechnung gestellt werden.

Darüber hinaus konnten sich in den vergangenen Jahren viele weitere Streamingportale im Markt etablieren, denen es bis dato jedoch nicht möglich war, an die Reichweite von Prime Video und Netflix aufzuschließen. Häufig handelt es sich dabei vor allem um kleinere Anbieter die spezielle Nieschen bedienen. So ist Im Jahre 2016 beispielsweise DAZN (gesprochen: „The Zone") an den Markt gegangen, bei dem es sich um einen kostenpflichtigen Streamingdienst handelt, der sich ausschließlich auf Sportinhalte fokussiert hat. Innerhalb der Branche wird DAZN daher auch als das „Netflix des Sports"[34] bezeichnet. Derzeit gehören DAZN die Rechte für die Übertragung der Spiele der englischen Premier League, sowie die Live-Übertragung der Spiele verschiedener Top-Ligen wie Spanien, Italien und Frankreich.[35] Neben Fußball überträgt DAZN jedoch auch noch viele weitere Sportarten, wie beispielsweise Basketball, Football oder Eishockey. Sportfans können DAZN den ersten Monat kostenlos nutzen, anschließend belaufen sich die Kosten für ein Abonnement auf 9,99€ pro Monat.

---

[34] Linner [2016], o.S.
[35] Vgl. Eisele [2017], o.S.

4 Das veränderte Mediennutzungsverhalten

Durch den technischen Fortschritt und den damit verbundenen Wandel zu einer Informationsgesellschaft konnte sich im Laufe der Zeit eine Vielzahl an Medienangeboten im Markt etablieren. Als Medium bezeichnet man dabei im Allgemeinen ein Kommunikationsmittel, das zur Verbreitung von Inhalten beiträgt. Die Auswahl scheint mittlerweile grundsätzlich unbegrenzt zu sein und neben den verschiedenen intermedialen Möglichkeiten (z.B. Print, Hörfunk oder Fernsehen), hat sich darüber hinaus auch eine intramediale Konkurrenz entwickelt (z.B. Stern oder Spiegel, NDR2 oder ffn, RTL oder Pro7).

Des Weiteren haben sich mit der Verbreitung des Internets neue Nutzungsmöglichkeiten ergeben, die zur Selbstbestimmtheit der Nutzer geführt haben, traditionelle Nutzungsroutinen beeinflussen und dadurch zu einem Strukturwandel des Mediensystems beitragen.[36]

„Individuelles Selektionsverhalten bei gleichzeitiger zeitlicher und räumlicher Souveränität der Angebotsnutzung sind nicht selten der Ausstieg aus der rituellen Mediennutzung und der Einstieg in ein Nutzungsverhalten, bei dem die Zeitungslektüre am Frühstückstisch längst für ein Relikt aus der analogen Welt steht."[37]

Die folgenden Unterkapitel sollen daher einen Überblick über die veränderte Mediennutzung in Deutschland geben und aufzeigen, welche Auswirkungen dies auf den klassischen TV-Markt hat. Neben der Entwicklung des non-/linearen Bewegtbildmarktes, wird das Nutzungsverhalten der verschiedenen Alterskohorten näher betrachtet und aufgezeigt welche Relevanz das jeweilige Endgerät hat.

4.1 Die Mediennutzung im Überblick

Die Medien gehören heutzutage mit zum Alltag und zählen bereits seit längerem zu den beliebtesten Freizeitbeschäftigungen der Deutschen. Das Fernsehen steht dabei seit 1986 unangefochten auf dem ersten Platz. Insgesamt 95% aller Deutschen sehen regelmäßig fern, d.h. mindestens einmal pro Woche. Das Radio wird hingegen am zweithäufigsten genutzt (90%), gefolgt von Musik hören (85%), telefonieren (84%) und dem Internet (78%).[38]

---

[36] Vgl. Hachenberg/Schunk [2018], S. 189.
[37] Vgl. Hachenberg/Schunk [2018], S. 202.
[38] Vgl. Stiftung für Zukunftsfragen [2018], o.S.

Die hohe Bedeutung der Medien im Alltag der Deutschen ist auch daran zu erkennen, wie viel Zeit der Einzelne in den täglichen Gebrauch von Medien investiert. Abbildung 8 verdeutlicht, dass sich das täglich investierte Zeitbudget für Medien, von insgesamt 3 Stunden und 14 Minuten im Jahre 1964, auf insgesamt 8 Stunden 31 Minuten im Jahre 2015 erhöht hat und seit 2005 relativ konstant geblieben ist.

Galten in den 1950er, 1960er und 1970er Jahren noch das Radio und vor allem die Tageszeitungen zu den meistgenutzten Medien, änderte sich dies mit dem Aufkommen des privaten Rundfunks Mitte der 1980er Jahre.[39] „Das alternative Angebot in Konkurrenz zu den bisherigen etablierten Medien und Nachrichtenquellen wuchs beständig an.

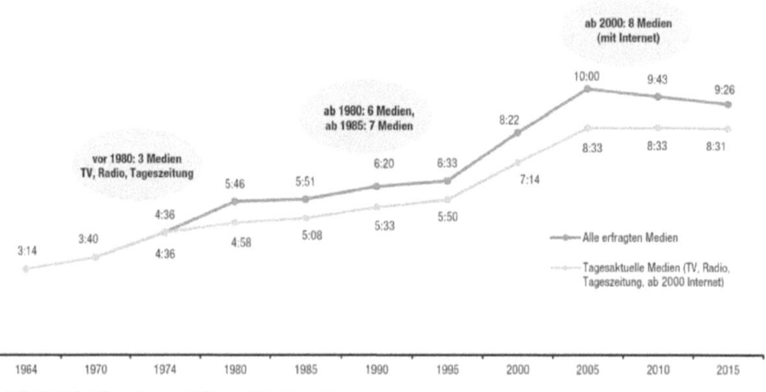

Abb. 8: Tägliches Zeitbudget für Medien von 1964 bis 2015 (Personen ab 14 J.) (Quelle: ARD/ZDF-Studie Massenkommunikation [2015], S. 99.)

Und damit wurde auch die Konkurrenz um die Zeit und die Aufmerksamkeit der Kunden beständig immer härter."[40] Mit Blick auf Abbildung 8 ist zu erkennen, dass das tägliche Zeitbudget für die Nutzung von Medien seit ca. 2005 eine Sättigung erfahren hat und seit dem leicht rückläufig ist.

Der Medienmix des einzelnen Nutzers sowie die Bedeutung der jeweiligen Medien haben sich im Zuge der Etablierung neuer Medien immer wieder verändert.

---

[39] Vgl. Moring [2017], S. 9.

[40] Moring [2017], S. 9.

Erkennbar ist dies auch mit Blick auf das Zeitbudget für Tageszeitungen, welches in den vergangenen zwei Jahrzehnten sehr deutlich zurückgegangen ist. Der große Gewinner hierbei ist vor allem das Internet, welches seine Nutzungsintensität in den vergangenen Jahren immer weiter ausbauen konnte.[41]

Wie sich das Zeitbudget des Durchschnittsnutzers auf die Medien im Jahr 2018 verteilt, hat eine Forsa-Umfrage (Media Activity Guide) im Auftrag der SevenOne Media GmbH (ein Unternehmen der ProSiebenSat.1 Media SE) ergeben. Abbildung 9 zeigt, dass sich die Deutschen beinahe 12 Stunden am Tag mit Mediennutzung und Kommunikation via Telefonie, E-Mail, Messenger oder SMS beschäftigen. Dieser

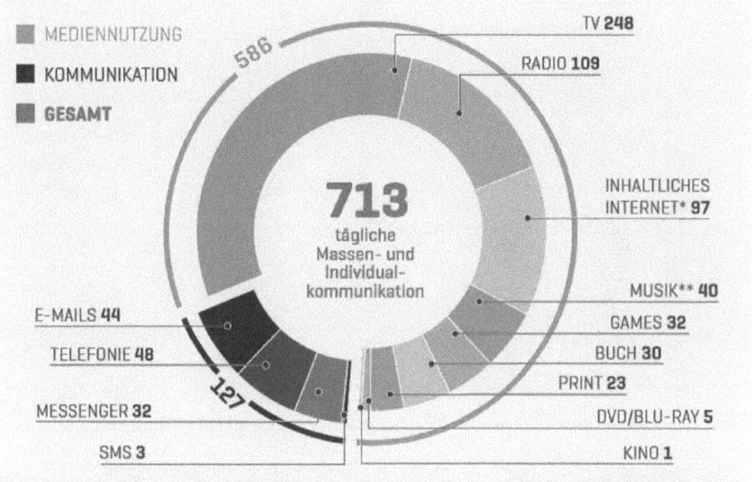

Abb. 9: Durchschnittliche tägliche Mediennutzungsdauer in 2018 (E14-69, Angaben in Minuten)
(Quelle: SevenOne Media GmbH [2018], S. 14)

hohe Wert kommt vor allem dadurch zu Stande, weil viele Menschen ihre Medien gerne nebenbei konsumieren. Beispielsweise hört ein Großteil der deutschen Bevölkerung beim Autofahren Radio, oder schaut Fersehen während des Bügelns.

Die reine Mediennutzung liegt bei durchschnittlich knapp 10 Stunden (586 Minuten) am Tag. Das Fernsehen ist dabei mit einem Anteil von insgesamt 248 Minuten am Medienzeitbudget das meistgenutzte Medium in Deutschland, gefolgt von Radio mit einer Nutzungszeit von insgesamt 109 Minuten. Den dritten Platz belegt die

---

  Vgl. Moring [2017], S. 10 f.

inahltliche Beschäftigung mit dem Internet, die insgesamt mehr anderthalb Stunden am Tag (97 Minuten) einnimmt. Hierzu zählen beispielsweise das Ansehen von Onlinevideos, Onlineshopping, Social-Media-Aktivitäten oder das Lesen von Blogbeiträgen. Die anderen in Abbildung 8 aufgeführten Medien, wie beispielsweise Musik, Print, Games und Kino, werden jeweils weniger als eine Stunde am Tag genutzt. Ein weiteres Ergebnis der Forsa-Umfrage ist unter anderem, dass sich die Nutzungsdauer der meisten Medien in den vergangenen Jahren kaum verändert hat. Bis auf die Nutzungsdauer des Internets, die kontinuierlich gestiegen ist, verweilen die meisten Medien bereits seit längerem auf ähnlichen Zeitniveaus.[42]

Die unten abgebildete Abbildung 10 gibt einen Eindruck davon, wann welche Medien im

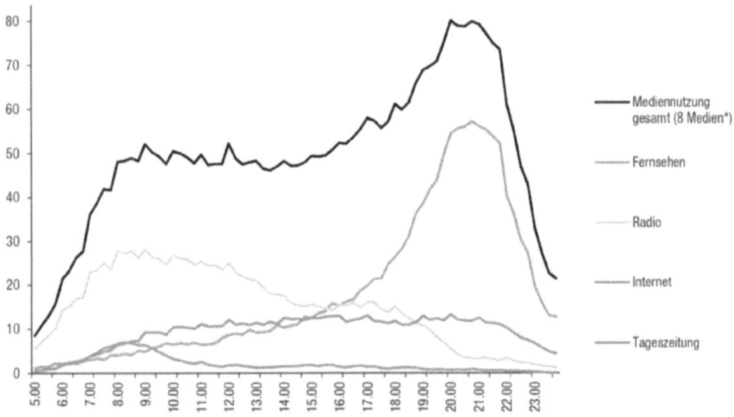

Abb. 10: Mediennutzung im Tagesverlauf bei der Gesamtbevölkerung Personen ab 14 J. (in %)
(Quelle: ARD/ZDF-Studie Massenkommunikation [2015], S. 103)

Laufe des Tages mit welcher Intensität genutzt werden. Zwischen 5:00 Uhr und 9:00 Uhr steigt die gesamte Mediennutzung von ca. 10 Prozent auf über 50 Prozent, was bedeutet, dass jeder Zweite in dieser Zeit ein Medium nutzt. Besonders stark entwickelt sich am Morgen die Nutzung des Radios, die gegen 9:00 Uhr ihren Hochpunkt erreicht und bis ca. 16:00 Uhr das meistgenutzte Medium darstellt. Anschließend löst das Fernsehen das Radio in dieser Rolle ab und die Mediennutzung steigt bis 21:00 Uhr auf einen Spitzenwert von 80 Prozent. Das Internet wird ab 9:00 Uhr

---

[42]   Vgl. SevenOne Media GmbH [2018], S. 15.

über den Tag verteilt relativ konstant genutzt, nämlich von ca. 10 Prozent der deutschen Gesamtbevölkerung ab 14 Jahren. „Das Lesen gedruckter Medien profiliert sich unterschiedlich: Die Tageszeitung hat ihren Schwerpunkt am Morgen, die Zeitschrift am Mittag, das Buch am Nachmittag bzw. am Frühabend."[43] Nach 22:00 Uhr nimmt die Mediennutzung insgesamt stark ab und steigt dann erst wieder mit den frühen Morgenstunden des darauf folgenden Tages.

Mit Blick auf Abbildung 10 lässt sich daher zusammenfassend sagen, dass die Deutschen am Morgen rund ein Drittel ihrer Zeit in Medien investieren und sich dieser Wert im Laufe des Vor- und Nachmittags auf ca. 50 Prozent steigert. Am Vorabend entwickelt sich die Mediennutzung langsam in Richtung Höhepunkt und schafft es zum Abend hin ca. zwei Drittel der Mediennutzung für sich zu behaupten.

4.2 Bewegtbildnutzung linear / non-linear

Abbildung 11 stellt dar, dass sich der Anteil des klassischen Fernsehens am Zeitbudget für Videonutzung in den vergangenen Jahren konsequent verringert hat. Lag der Anteil der klassischen Fernsehnutzung im Jahr 2016 noch bei insgesamt 71 Prozent, verringerte sich dieser innerhalb von zwei Jahren auf insgesamt 64,9 Prozent. Ein komplementräes Wachstum konnte hingegen der non-lineare Bewegtbildbereich verzeichnen. So erhöhte sich beispielsweise die Video-on-Demand Nutzung in den vergangenen zwei Jahren von insgesamt 16 Prozent in 2016 auf 23,1 Prozent in 2018.

Mit insgesamt 65 Prozent macht das klassische lineare Fernsehen in 2018 jedoch immer noch den Großteil der Bewegtbildnutzung der Deutschen aus. Dabei darf jedoch nicht außer Acht gelassen werden, dass es sich dabei um die Nutzungsentwicklung der deutschen Gesamtbevölkerung ab 14 Jahren handelt. Mit Blick auf die jüngere Alterskohorte (14 bis 29 Jahren) ist jedoch festzustellen, dass die Nutzung von VoD-Angeboten die klassische Fernsehnutzung bereits überholt hat. Lag der Nutzungsanteil des klassischen Fernsehens bei den Jüngeren im Jahr 2016 noch bei insgeamt 46,6 Prozent liegt dieser in 2018 bereits bei 55,8 Prozent. Darüber hinaus ist jedoch auch zu erkennen, dass sich die Bewegtbildnutzung bei Personen im Alter von über 50 Jahren, nicht großartig verändert hat, sondern eher relativ stabil geblieben ist. Das klassische lineare Fernsehen dominiert mit insgesamt 84,5 Prozent (in 2018) immer noch die Nutzung innerhalb der älteren Zielgruppe.

---

43 Klingler/Turecek [2015], S. 102.

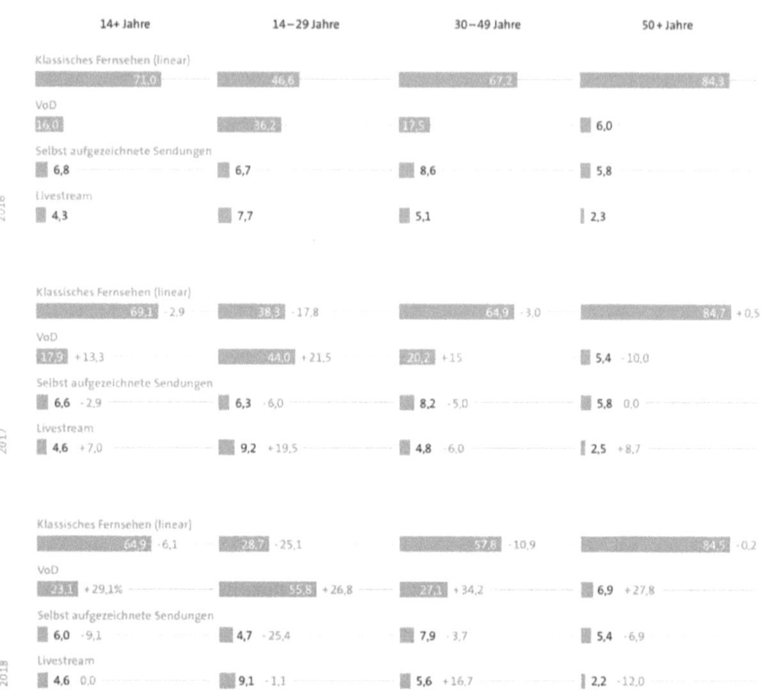

Abb. 11: Durchschnittlicher Nutzungsanteil linear / non-linear (in Prozent). (Quelle: die medienanstalten – ALM GbR [2018], S. 47.)

Wie hoch die Anteile der verschiedenen Altersgruppen in Ihrer Nutzung von klassischem Fernsehen und der digitalen Welt sind, zeigt Abbildung 12. Die bereits oben erläuterten Veränderungen innerhalb des Nutzungsverhaltens der verschiedenen Altersstufen lassen sich auch sehr gut in der unten dargestellen Abbildung wiederfinden. Unter 50-Jährige nutzen demnach häufiger das Internet als über 50-Jährige. Umgekehrt sehen Personen mit einem Alter von mehr als 50 Jahren häufiger Fernsehen, als dass Sie das Internet nutzen. Besonders interessant sind dabei vor allem die Entwicklungen in den Alterssegmenten 14 bis 19 Jahren und 20 bis 29 Jahren. Die tägliche Nutzung des Internets ist in beiden

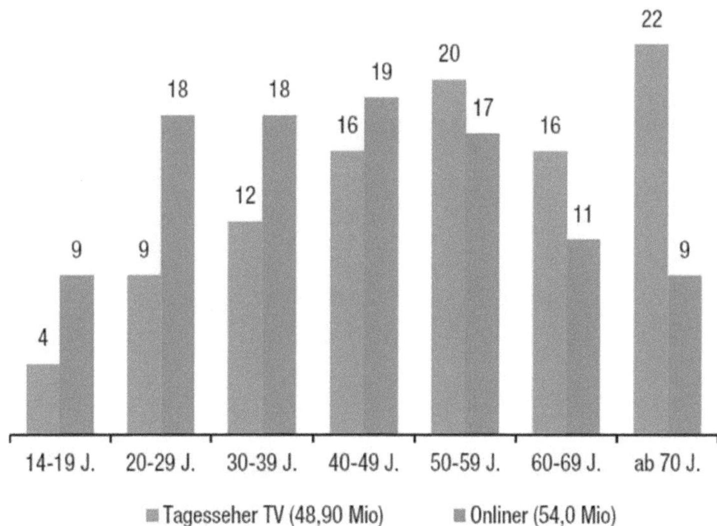

Abb. 12: Altersstrukur Tagesseher TV und tägliche Internetnutzer 2018 (ab 14 Jahren /
in Prozent)
(Quelle: ARD/ZDF-Onlinestudie [2018], S. 401)

Altersgruppen doppelt so hoch wie die tägliche Nutzung des klassischen linearen
Fernsehens. Bei der Altersgruppe 70+ zeichnet sich genau das Gegenteil ab. Dort
ist nämlich die tägliche Fernsehnutzung mehr als doppelt so hoch wie die tägliche
Nutzung des Internets. Es ist davon auszugehen, dass sich der Wandel innerhalb
der unterschiedlichen Altersgruppen weiter fortsetzen wird. „Die Bewegtbildüber-
tragung über das Internet gewinnt immer größere Bedeutung über alle Altersklas-
sen. Insbesondere die Nutzung nichtlinearer Videoangebote macht in diesem Jahr
einen erheblichen Sprung nach vorne und stellt den klassischen Fernsehkonsum
allmählich in den Schatten."[44] Betrachtet man die Entwicklung der durchschnittlichen täglichen Fernsehdauer ist zu erkennen, dass sich diese im Laufe der vergangenen zehn Jahre, je nach Altersgruppe, unterschiedlich entwickelt hat (siehe Abbildung 12). Die Sehdauer gibt an, wie lange eine Person, innerhalb eines bestimmten Zeitintervalls, durchschnittlich ferngesehen hat. „Innerhalb diesen Durch-
schnittswert gehen alle Panelmitglieder ein, gleichgültig, ob sie tatsächlich ferngesehen haben oder nicht."[45] Im Jahr 2018 lag die durchschnittliche Sehdauer bei

---

[44]   die medienanstalten – ALM GbR [2018], S. 43.
[45]   AGF Videoforschung GmbH [2019b], o.S.

insgesamt 217 Minuten (vier Minuten weniger als im Jahr 2017), also umgerechnet in etwa mehr als dreieinhalb Stunden. Die Verweildauer gibt hingegen die Sehdauer bezogen auf die Personen an, die tatsächlich ferngesehen haben. Im Jahr 2018 lag diese bei insgesamt 328 Minuten pro Tag.[46]

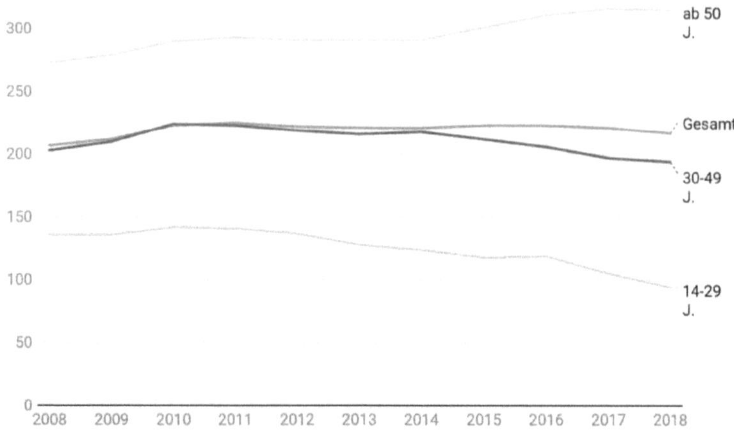

Abb. 13: Durchschnittliche tägliche Sehdauer in Deutschland nach Altersgruppen (in Minuten).
(Quelle: AGF Videoforschung GmbH [2019a], o.S.)

Betrachtet man die oben aufgeführte Abbildung stellt man fest, dass sich die Sehdauer der über 50-Jährigen in den vergangenen Jahren stark erhöht hat. In 2018 kamen die über 50-Jährigen auf eine durchschnittliche Sehdauer von 315 Minuten pro Tag. Bei den Jüngeren hingegen, ist es genau umgekehrt. Auch die Sehdauer der 14-49-Jährigen, welche noch bis vor wenigen Jahren der gesamt-durchschnittlichen Entwicklung ähnelte, hat in den vergangenen Jahren immer mehr verloren. In 2018 kommen die 14 bis 49-Jährigen nur noch auf eine Sehdauer von insgesamt 153 Minuten. Noch signifikanter ist der Rückgang bei der Gruppe der 14- bis 29-Jährigen, bei denen die Sehdauer in 2018 nur noch 94 Minuten beträgt. Es handelt sich dabei um den geringsten Wert der jemals gemessen wurde.

Weshalb es zu diesem Rückgang gekommen ist, liegt wohl an dem gestiegenen non-linearen Nutzungsverhalten. Die neueste Onlinestudie von ARD und ZDF hat ergeben, dass sich die Anzahl der Personen, die täglich Online-Bewegtbild konsumieren, von insgesamt 3 Prozent in 2008 auf insgesamt 33 Prozent in 2018 erhöht hat

---

[46] AGF Videoforschung GmbH [2019c], o.S.

(siehe Abbildung 13). Ein Wandel, der vor allem mit der Etablierung diverser Streamingportale im Jahre 2014 an Fahrt aufgenommen hat. Darüber hinaus kommt die Studie zu dem Ergebnis, dass insgesamt 75 Prozent der deutschen Bevölkerung ab 14 Jahren zumindest selten Online-Bewegtbild nutzt. Es ist daher davon auszugehen, dass sich die Sehdauer von kombinierten linearen und non-linearen Angeboten insgesamt erhöhen, auch wenn die Sehdauer des klassisch linearen Fernsehens insgesamt immer weiter zurückgehen wird.

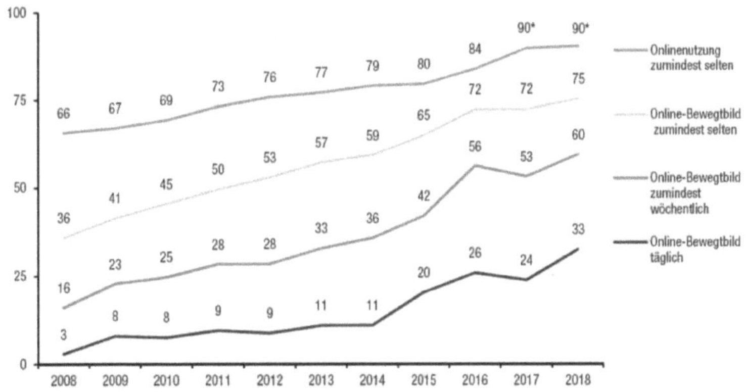

Abb. 14: Videonutzung im Internet 2008 bis 2018 (in Prozent)
(Quelle: ARD/ZDF-Onlinestudie [2018], S. 428)

Der Bewegtbildmarkt befindet sich in einem Wandel und stellt viele Anbieter vor Herausforderungen. VoD-Plattformen wie Netflix und Prime Video nehmen inzwischen eine beträchtliche Marktmacht ein.[47]

Welche weiteren non-linearen Angebote bei der deutschen Bevölkerung besonders beliebt sind, zeigt Abbildung 15. Darin ist die Nutzungshäufigkeit der Mediatheken und Streamingdienste nach Intensität dargestellt. Insgesamt 47 Prozent der Deutschen Bevölkerung ab 14 Jahren nutzt Mediatheken. Besonders beliebt sind dabei vor allem die öffentlich-rechtlichen Mediatheken von ARD und ZDF, gefolgt von den Mediatheken der privaten Sender RTL, Sat.1 und ProSieben. Äuch Video-Streamingdienste werden mit insgesamt 44 Prozent Nutzungshäufigkeit ähnlich gerne von den Deutschen genutzt. Laut ARD/ZDF-Onlinestudie nutzen insgesamt 12 Prozent der Bevölkerung sogar täglich

---

⁴⁷ Vgl. Kupferschmitt [2018], S.437.

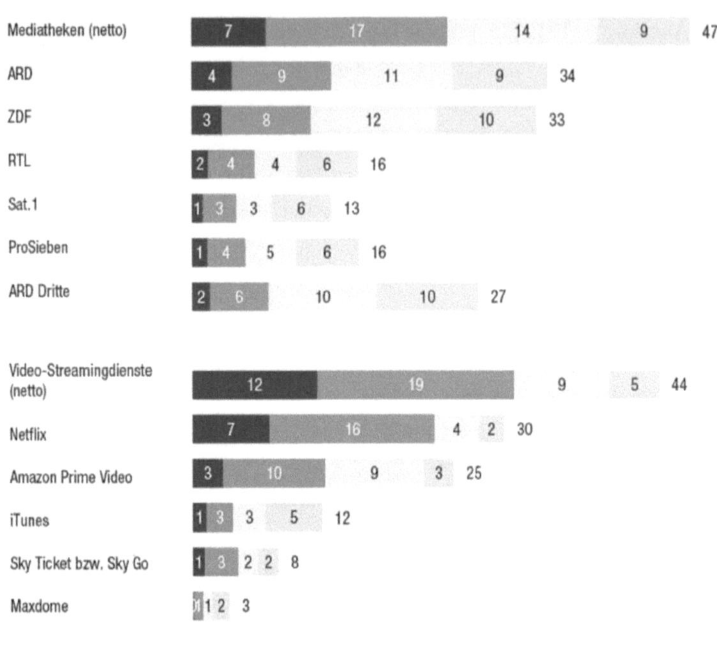

Abb. 15: Nutzungshäufigkeit der Mediatheken und Streamingdienste 2018 ab 14 Jahren (in Prozent)
(Quelle: ARD/ZDF-Onlinestudie [2018], S. 428)

einen Streamingdienst und 19 Prozent geben an, mindestens einmal die Woche zu streamen. Besonders beliebt ist dabei Netflix, mit einer Nutzungshäufigkeit von insgesamt 30 Prozent, dicht gefolgt von Amazon Prime Video mit 25 Prozent.

Von den anderen Altersgruppen abweichend ist das Nutzungsverhalten der Altersgruppe der 14 bis 29 Jährigen. Gemäß Abbildung 16 stehen Video-Streamingdienste bei der jüngeren Zielgruppe höher im Kurs als Mediatheken. Insgesamt 87 Prozent der befragten Personen im Alter von 14 bis 29 Jahren gaben an Streamingportale zu nutzen. Mediatheken werden hingegen von lediglich 64 Prozent der Befragten genutzt. Es ist also festzustellen, dass die Nutzung von Streamingportalen und Mediatheken innerhalb der jüngeren Zielgruppe größer ist als in der durchschnittlichen Gesamtbevölkerung der über 14-Jährigen. Insgesamt 63 Prozent der jüngeren Altersgruppe gaben an, Netflix zu nutzen. Ein Drittel der Nutzer gaben an, Netflix sogar täglich zu nutzen. Amazon Prime Video wird hingegen weniger intensiv von der jüngeren Altersgrupppe genutzt, jedoch immer noch häufiger als die Mediatheken der öffentlich-rechtlichen und privaten Fernsehsender.

Darüber hinaus ist zu erkennen, dass sich mit Netflix und Amazon Prime Video bereits monopol-ähnliche Anbieter am Markt etabliert haben, die in ihrer Nutzungsintensität einen deutlichen Vorsprung zu Mitbewerbern (bspw. Maxdome) aufweisen.

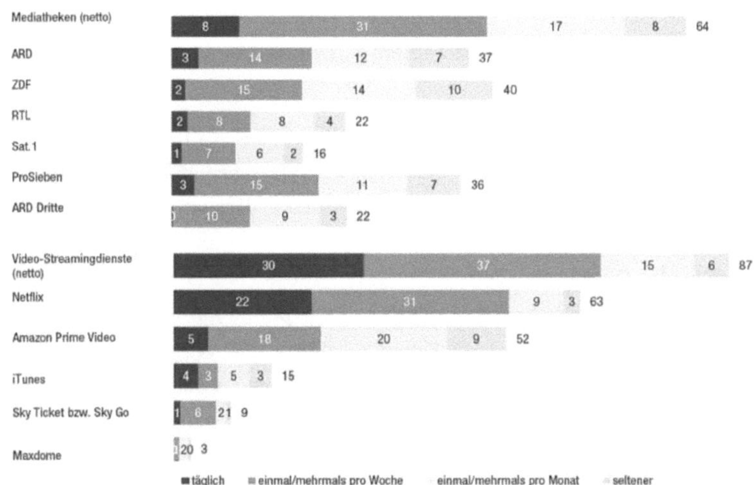

Abb. 16: Nutzungshäufigkeit der Mediatheken und Streamingdienste 2018 (14 bis 29 Jahre) (in Prozent)
(Quelle: ARD/ZDF-Onlinestudie [2018], S. 432)

4.3 Gerätenutzung im Überblick

Die Ausrichtung der Wohnzimmercouch wurde in der Vergangenheit, in nahezu jedem deutschen Haushalt, von der Position des Fernsehers maßgeblich geprägt.[48] Durch den Fortschritt im technologischen Bereich hat das stationäre Fernsehgerät jedoch zunehmend Konkurrenz in Form einer Vielzahl neuer Endgeräten erhalten. Die neuen Endgeräte zeichnen sich vor allem durch die zeit- und ortsunabhängigen Nutzungsmöglichkeiten aus, wodurch Bewegtbildinhalte nun auch von unterwegs abgespielt werden können.

Mit den neuen mobilen Endgeräten kann der Nutzer zu jedem Zeitpunkt und von überall aus direkt mit dem Internet interagieren und ist dadurch nicht mehr an den stationären Computer gebunden. Der Wandel hin zur mobilen Gerätenutzung kann

---

[48] Vgl. Graßau/Fleck [2016], S. 17.

daher auch als „Paradigmenwechsel in der Internetnutzung und als der nächste Entwicklungsschritt in der digitalen Evolution"[49] bezeichnet werden.

Das Smartphone begleitet seinen Nutzer über den gesamten Tag hinweg und unterstützt diesen mithilfe verschiedener Applikationen in diversen Alltagssituationen. Dabei ist das Smartphone längt zu einem „Schweizer Messer des Informationszeitalters"[50] geworden, dass seinem Nutzer eine Vielzahl an hilfreichen Funktionen bietet.

„Der Checkin am Flughafen, die Taxi-Bestellung über MyTaxi oder Uber, die Navigation zum nächsten Termin, unterwegs E-Mails schreiben, die Zimmerbuchung über AirBnB und das Vernetzen über LinkedIn als Alternative zur Visitenkarte. Dabei steht man stets über WhatsApp, Skype, Messenger und SMS in Kontakt mit den Kollegen, der Familie und seinen Freunden. Diese Liste könnte noch lange fortgeführt werden und sie wächst stetig. Das Smartphone hat in manchen Berufen zu einer dramatischen Effizienzsteigerung geführt und erlaubt es seinem Nutzer, gleichzeitig zu Hause, im Büro und beim Kundentermin zu sein. Abschalten kommt selten vor, denn wer Mobile ist, ist Always-on. Er hat zu jedem Zeitpunkt Zugriff auf Informationen und Dienstleistungen aus aller Welt und ist – zumindest theoretisch – auch zu jedem Zeitpunkt erreichbar."[51]

Aus dem Digitalisierungsbericht der Landesmedienanstalten geht hervor, dass das Smartphone den Fernseher im Jahr 2018 erstmals als wichtigstes Bildschirmgerät der deutschen Bevölkerung ab 14 Jahren abgelöst hat. Erkennbar ist dies auch auf Abbildung 17. Insgesamt 37,1 Prozent der deutschen Bevölkerung haben angegeben, dass das Smartphone eine höhere Relevanz hat als das Fernsehgerät, welches insgesamt auf 32,1 Prozent kommt. Darüber hinaus lässt sich in der Abbildung erkennen, dass das Smartphone besonders bei der jüngeren Altersgruppe von hoher Bedeutung ist. Knapp drei Viertel der Jugendlichen im Alter von 14 bis 19 Jahren gaben an, dass das Smartphone für Sie das wichtigste Bildschirmgerät sei. Bei Personen über 50 Jahren liegt je

---

[49] Rieber [2017], S. 3.
[50] Rieber [2017], S. 5.
[51] Rieber [2017], S. 1f.

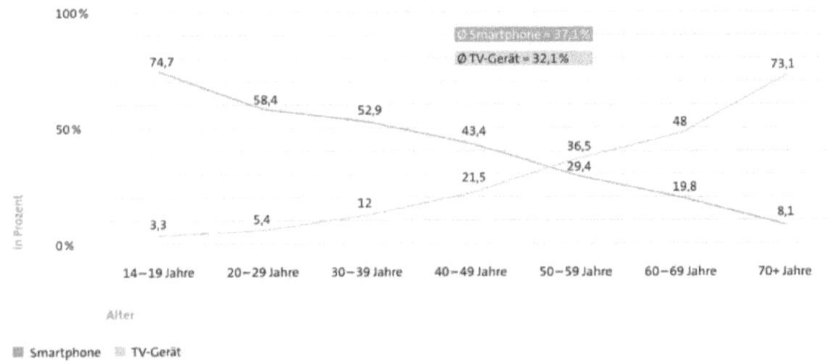

Abb. 17: Wichtigstes Bildschirmgerät – Fernsehen vs. Smartphone nach Altersstufen (Quelle: die medienanstalten – ALM GbR [2018], S. 43)

doch immer noch der Fernseher in der Bedeutsamkeit vor dem Smartphone. Insgesamt 73,1 Prozent der Personen im Alter von über 70 Jahren gaben an, dass es sich für Sie beim Fernseher um das wichtigste Bildschirmgerät handelt.

Abbildung 17 legt nahe, dass die Bedeutung des Smartphones mit steigendem Alter sinkt und die Bedeutung des Fernsehers mit steigendem Alter steigt. Eine ähnliche Entwicklung bei den verschiedenen Altersgruppen lässt sich auch in der Beliebtheit der verschiedenen (non-/linearen) Medien wiederfinden. Es ist daher davon auszugehen, dass es sich hierbei um einen klassischen Generationeneffekt handelt. Als Generationeneffekt (auch Kohorteneffekt genannt) werden Verhaltensdifferenzen zwischen verschiedenen Altersgruppen bezeichnet, die sich auf unterschiedliche soziale und umweltbezogene Einflüsse zurückführen lassen.[52] Bezogen auf die oben geschilderte Entwicklung tendieren daher ältere Personen eher zum klassischen Fernsehen, weil diese im Laufe der Zeit einen gewissen Bezug zum Fernsehen entwickelt haben. Umgekehrt probieren jüngere Personen gerne neue Produkte aus und stehen innovativen Technologien und neuen Endgeräten aufgeschlossener gegenüber. – Daher haben diese auch einen größeren Bezug zu den moderneren Endgeräten.

Der oben geschilderte Wandel von der stationären Nutzung hin zur mobilen Gerätenutzung ist auch in Abbildung 18 zu erkennen. Diese zeigt den Gerätebesitz im Haushalt über die Jahre 2014, 2016 und 2018. Im Laufe der Zeit hat sich der Besitz von

---

[52]   Vgl. Lück [2009], S. 227.

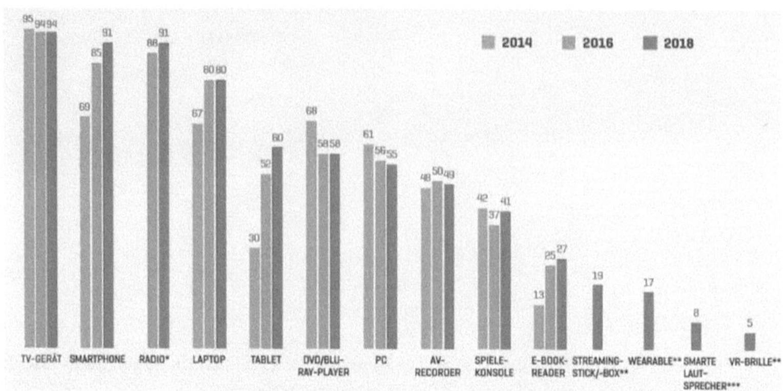

Abb. 18: Gerätebesitz im Haushalt (E 14-69 / Angaben in Prozent)
(Quelle: SevenOne Media GmbH [2018], S.9)

stationären Geräten, wie beispielsweise dem PC, weiter verringert. Konnte man im Jahr 2014 noch in insgesamt 61 Prozent der deutschen Haushalte einen stationären PC finden, sank die Anzahl in 2018 auf lediglich 55 Prozent. Auch der Besitz von DVD- und Blu-ray-Playern hat sich von insgesamt 68 Prozent in 2014 auf 58 Prozent in 2018 reduziert. Der Besitz von Smartphones ist jedoch in den vergangenen Jahren kontinuierlich gestiegen. Waren im Jahr 2014 lediglich 69 Prozent der Haushalte im Besitz eines Smartphones, hat sich die Anzahl innerhalb von vier Jahren auf insgesamt 91 Prozent erhöht. Darüber hinaus konnten in den vergangen Jahren auch weitere innovative Geräte in die Haushalte einziehen. Smarte Lautsprecherlösungen, zu denen unter anderem auch der Echo Dot von Amazon zählt, sind im Jahr 2018 in insgesamt 8 Prozent der Haushalte zu finden. Auch der Anteil von Smartwatches und Fitnessarmbänder, sogenannte Wearables, vergrößert sich kontinuierlich und ist mittlerweile in insgesamt 17 Prozent der Haushalte vertreten.

Aufgrund des technischen Fortschritts ist davon auszugehen, dass sich in den kommenden Jahren weitere – heute noch unbekannte – Geräte im Markt etablieren werden. Im Laufe der vergangenen Jahre kam es immer wieder zu Veränderungen, bei den jeweils im Haushalt vorzufindenden Geräten. Besonders interessant ist dabei jedoch, dass sich auch im Jahr 2018 noch immer 94 Prozent der deutschen Haushalte im Besitz eines Fernsehgerätes befinden. Kein anderes Gerät ist so häufig in deutschen Haushalten zu finden wie der Fernseher.

Abbildung 19 weist darauf hin, dass der Fernseher über alle Altersgruppen hinweg das wichtigste Gerät zur Videonutzung darstellt. Selbst innerhalb der jüngeren

Altersgruppe geben insgesamt 31,9 Prozent der Personen im Alter von 14 bis 29 Jahren an, dass der Fernseher für sie immer noch das wichtigste Gerät zur Videonutzung sei. Insgesamt 22,3 Prozent der 14 bis 29 Jährigen gaben an, dass der Laptop für sie das wichtigste Gerät für die Nutzung von Bewegtbild darstellt, dicht gefolgt vom Smartphone mit einer Zustimmung von insgesamt 18,1 Prozent. Die aufgelisteten Endgeräte liegen in ihrer Wichtigkeit alle recht dich beieinander. Bei den älteren Altersgruppen sieht es in der Gerätezustimmung durchaus ähnlich aus, jedoch ist der Abstand zwischen dem wichtigsten und zweitwichtigsten Endgerät signifikant größer. Bei den 30 bis 49 Jährigen zählt der Fernseher mit insgesamt 59,4% Zustimmung zum wichtigsten Gerät für die Videonutzung, gefolgt vom Smartphone mit insgesamt 11,8 Prozent. Bei den Personen über 50 Jahre ist der Abstand sogar noch größer. Insgesamt 78,4 Prozent der Personen über 50 Jahre gaben an, dass es sich beim TV-Gerät um das wichtigste Endgerät für die Videonutzung handelt, gefolgt vom Laptop mit lediglich 5,2 Prozent Zustimmung.

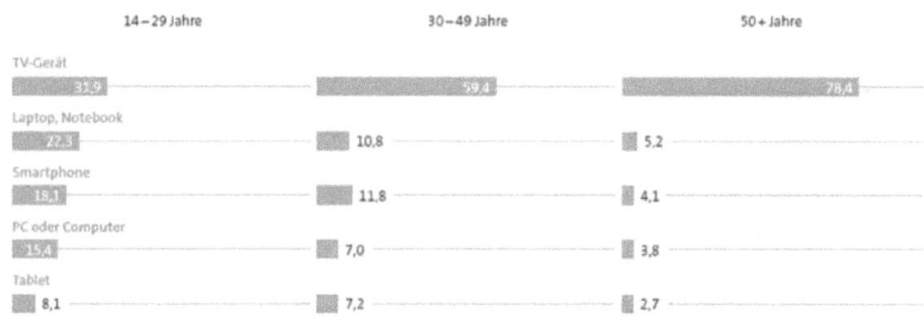

Abb. 19: Wichtigstes Gerät zur Videonutzung nach Alterskohorte (in Prozent).
(Quelle: die medienanstalten – ALM GbR [2018], S. 45)

Die Nutzung verschiedener Endgeräte für den Zugriff auf Bewegtbild-Inhalte hat vielfältige Gründe. Angenommen werden könnte, dass das einzige Fernsehgerät im Haushalt bereits von einer anderen Person genutzt wird und man daher auf ein anderes Gerät ausweichen muss. Möglicherweise ist man auch gar nicht im Besitz eines Fernsehers, oder einfach gerade an einem anderen Ort unterwegs und greift daher auf die mobile Nutzung über das Smartphone oder das Tablet zurück.[53]

Darüber hinaus unterscheidet sich die Nutzung der verschiedenen Devices nicht nur aufgrund der jeweiligen Situation oder Altersgruppe, sondern auch dahingehend, um welche Video-Anwendung es sich überhaupt handelt.

---

[53] Vgl. Kupferschmitt [2018], S.434.

Während klassische Videoportale, wie beispielsweise YouTube oder Vimeo, vorzugsweise über das Smartphone (43 Prozent) genutzt werden, zeigt sich bezüglich Streaminganbietern wie Netflix und Amazon Prime Video ein anderes Bild. Lediglich 4 Prozent der Nutzer von Amazon Prime Video und 9 Prozent der Nutzer von Netflix konsumieren ihre Serien über das Smartphone. Besonders beliebt hingegen ist bei den Netflix und Prime Video Nutzern vor allem das Fernsehgerät. Insgesamt 46 Prozent der Netflix-Nutzer nutzen den Fernseher zur Wiedergabe. Bei den Prime-Video-Nutzern sind es sogar 60 Prozent. Generell lässt sich sagen, dass sich die Gerätenutzung bei den

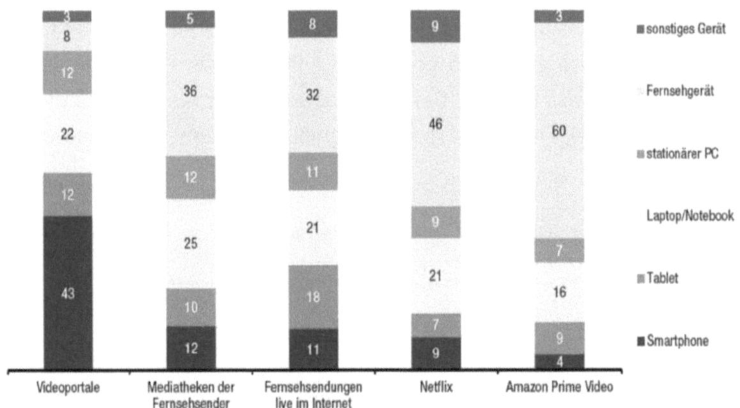

Abb. 20: Videonutzung im Internet: Am häufigsten verwendetes Gerät im Jahr 2018 (in Prozent)
(Quelle: ARD/ZDF-Onlinestudie [2018], S.434)

kostenpflichtigen Streamingdiensten sehr stark ähnelt. Auch diejenigen Personen, die Fernsehsendungen live über das Internet verfolgen, sowie Nutzer von TV-Mediatheken, nutzen hierfür ebenfalls vorwiegend den Fernseher. Die Bedeutung des stationären PC's ist über alle Video-Anwendungen hinweg äußerst gering, ebenso die Nutzung des Tablets. Das Laptop hingegen liegt im Durchschnitt, über alle Anwendungen hinweg, bei einer Nutzung von ca. 21 Prozent und gilt damit als das am zweithäufigsten genutzte Gerät zur Videonutzung.

Mit der steigenden Verbreitung mobiler Endgeräte hat sich das lineare Fernsehen immer mehr zu einem Medium entwickelt, das nicht mehr exklusiv, sondern vor allem in Kombination mit mindestens einem weiteren Medium genutzt wird. Mittlerweile ist es daher auch keine Seltenheit mehr, dass der Zuschauer vor seinem

Fernseher sitzt und sich dabei zeitlgleich mit seinem Smartphone – und beispielsweise Aktivitäten bei Facebook oder Instagram – beschäftigt.[54] Dieses Phänomen der Parallelnutzung wird auch als sogenannter „Second Screen" bezeichnet. Betrachtet man die unten stehende Abbildung 20 stellt man fest, dass es im Laufe der vergangenen 18 Jahre zu einem Anstieg der Parallelnutzung gekommen ist. Im Jahr 2018 haben insgesamt 79 Prozent der Fernsehzuschauer angegeben, dass Sie parallel (zeitgleich) zum Fernseher einen Second Screen nutzen. Mehr als die Hälfte gab sogar an, dies regelmäßig zu tun. Mit Blick auf Abbildung 21 ist jedoch auch festzustellen, dass sich der Trend der steigenden Parallelnutzung, seit 2014 zunehmend stabilisiert hat. Besonders beliebte Geräte für Second-Screen-Nutzung sind dabei vor allem das Smartphone (91 Prozent), gefolgt vom Laptop (47 Prozent), dem Tablet (46 Prozent) und dem stationären PC (16 Prozent).[55]

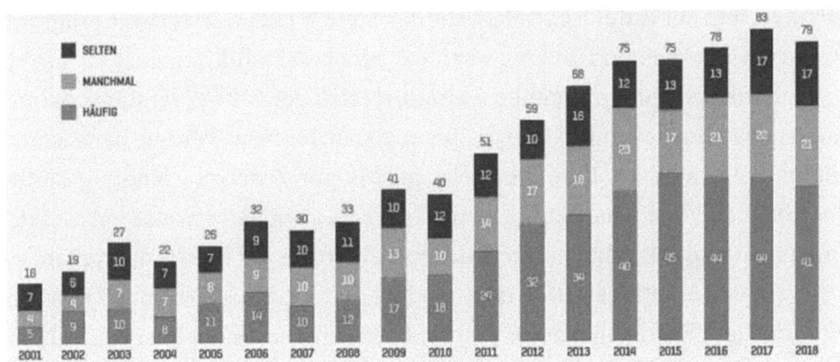

Abb. 21: Parallelnutzung von Fernsehen und Internet (Basis: E14-49J., Angaben in Prozent)
(Quelle: SevenOne Media GmbH [2018], S.61)

„Als Bindeglied zwischen linearem Fernsehangebot und sozialen Medien wird mit dem Begriff Social TV schließlich ein weiteres Phänomen beschrieben, das die Notwendigkeit einer trennscharfen Abgrenzung der verschiedenen Nutzungsszenarien des Second Screens unterstreicht." [56] Generell wird bei der Second-Screen-Nutzung zwischen der fernsehbezogenen Nutzung, sowie der Nutzung ohne direkten Programmbezug unterschieden.

---

[54] Vgl. Legge [2012], o.S.

[55] Vgl. SevenOne Media GmbH [2018], S. 61.

[56] Busemann/Tippelt [2014], S. 408.

Die Möglichkeiten der fernsehbezogenen Second-Screen-Nutzung sind vielfältig und können von der eigenmotivierten Informationsrecherche im Internet, zum Beispiel nach Schauspielern oder Hintergrundinformationen zu einer Sendung, über diverse Angebote innerhalb von Facebook, Instagram & Co., bis hin zu eigens entwickelten Second-Screen-Anwendungen der jeweiligen Sender führen. [57] Bei Letzterem richtet es sich vor allem nach der Attraktivität des jeweiligen First-Screen-Inhaltes. Aufgrund der Vielzahl unterschiedlicher Sendungsarten und Genres ist es daher nicht ratsam, eine pauschale Standardlösung zu definieren. Um den Second Screen möglichst authentisch mit in die Fernsehnutzung einzubeziehen, bedarf es daher einer eigens auf das jeweilige Format zugeschnittenen Individuallösung.

Die Second-Screen-Nutzung ohne direkten Programmbezug führt häufig zu einer Verringerung der Aufmerksamkeit für das jeweils laufende Fernsehprogramm. Bei der fernsehbezogenen Nutzung kann es jedoch dazu führen, dass Fernsehinhalte noch intensiver wahrgenommen werden, da sich der Nutzer verstärkt damit auseinandersetzt. Insbesonders durch die sozialen Medien werden neue emotionale Kontaktflächen geschaffen, die meist positiv zur Zuschauerbindung beitragen.[58] Der Effekt der Zuschauereinbeziehug lässt sich geeigneter Weise anhand des multimedialen und interaktiven Justizdramas „Terror – Ihr Urteil" darstellen, welches erstmals am 17. Oktober 2016 im Abendprogramm der ARD und zeitgleich auch im ORF und dem SRF ausgestrahlt wurde. Insgesamt erreichte die Ausstrahlung 6,88 Mio. Zuschauerinnen und Zuschauer und erzielte damit einen Marktanteil von 20,2 Prozent. [59]

Die Geschichte der Verfilmung des gleichnamigen Theaterstücks von Ferdinand von Schirach handelt von einer Gerichtsverhandlung zu einem fiktiven Flugzeugabschuss. „Der angeklagte Luftwaffen-Major Lars Koch handelte ohne Befehlsanweisung und entschied sich dafür, 164 Insassen eines Passagierflugzeuges zu opfern, um einen von Terroristen angedrohten, gezielten Absturz auf ein vollbesetztes Fußballstadion zu verhindern."[60] Bevor der Richter im Film jedoch ein Urteil sprechen konnte, mussten die Schöffen befragt werden, welche in diesem Fall die Fernsehzuschauerinnen und -zuschauer darstellten. Das Urteil wurde durch die

---

[57] Vgl. Busemann/Tippelt [2014], S. 408.

[58] Vgl. Busemann/Tippelt [2014], S. 410.

[59] Vgl. Bayerischer Rundfunk [2016], o.S.

[60] Bayerischer Rundfunk [2016], o.S.

Zuschauer mittels Tele- und Internet-Voting getroffen. Insgesamt 86,9 Prozent der Zuschauer stimmten für einen Freispruch, lediglich 13,1 Prozent dagegen. Das daraus resultierende Urteil wurde anschließend in der darauf folgenden Talkshow von Frank Plasberg gezeigt und in einer Expertenrunde diskutiert. Darüber hinaus wurde auf der Voting-Website Hintergrundmaterial bereitgestellt, zu dem beispielsweise auch die Videos der beiden vorbereiteten Urteilsbegründungen zählen. Gesendet wurde im klassischen linearen Fernsehen jedoch nur die Freispruch-Variante.

Während der Abstimmung hatte die ARD mit erheblichen technischen Problemen zu kämpfen: Internetseite und Telefonnummern waren aufgrund des hohen zusätzlichen Traffics nur eingeschränkt erreichbar. Die dargestellte Situation unter Einbeziehung des Zuschauers zeigt, wie stark sich dieser mit dem Film auseinander setzt und beweist, dass der Transfer auf ein weiteres Gerät, dem sogenannten Second Screen, positiv gelingen kann.

4.4 Digital Natives im Fokus der Betrachtung

Als Digital Natives (dt. digitale Eingeborene) werden mit digitalen Technologien vertraute Personen bezeichnet, die im digitalen Zeitalter aufgewachsen sind.[61] Der Begriff wurde ursprünglich von Marc Prensky geprägt und beschreibt alle Jahrgänge, die nach dem Jahr 1980 geboren wurden und mit den vielseitigen Möglichkeiten des Internets aufwuchsen.[62] Als Digital Immigrant (dt. digitaler Einwanderer) werden hingegen Menschen bezeichnet, welche die neuen Technologien erst im Erwachsenenalter kennengelernt haben und sich daher Schritt für Schritt mit Ihnen auseinandersetzen müssen.

Nicht verwunderlich ist daher auch der große Unterschied innerhalb des Nutzungsverhaltens der jeweiligen Gruppierungen. Während die Digital Natives viel vertrauter und selbstverständlicher mit den Medien umgehen, fällt den Digital Immigrants der Umgang mit den neuen Technologien verhältnismäßig schwerer.

Diese Erkenntnis wird auch von den Untersuchungen in den vorhergehenden Kapiteln unterstützt, in denen die Mediennutzung der verschiedenen Altersgruppen dargestellt wurde. Es liegt dementsprechend die Vermutung nahe, dass die jüngeren Altersgruppen in ihrem Nutzungsverhalten flexibler sind als die älteren und die

---

61 Vgl. Vertical Media GmbH [o.J.b], o.S.
62 Vgl. Weis [2012], o.S.

jüngeren daher auch eine höhere Bereitschaft haben, neue Technologien auszuprobieren.

Zu einem ähnlichen Ergebnis ist auch das Beratungsunternehmen Deloitte in seiner aktuellen Studie „Media Consumer Survey 2018" gekommen. Darin untersucht das Unternehmen den aktuellen Medienkonsum und analysiert, welche Veränderungen sich dabei für neue und traditionelle Content-Angebote ergeben. Deloitte hat festgestellt, dass Video-on-Demand-Angebote weiterhin boomen und sich vor allem bei jungen Mediennutzern hoher Beliebtheit erfreuen.[63]

Unterstützt wird diese Aussage von Abbildung 22, die einen Überblick über die regelmäßige Videonutzung innerhalb der verschiedenen Alterskohorten liefert. Besonders interessant ist dabei die Angabe eines digitalen Bruches, welcher bei Personen im Alter von ca. 40 Jahren (Stand: Jahr 2018) zu verzeichnen ist. Der Abbildung zu Folge sinkt ab einem Alter von 40 Jahren die Popularität von digitalen Video-Plattformen, was jedoch nicht bedeutet, dass Ältere die neuen Formen von Video-Content nicht annehmen.[64] Dennoch ist zu erkennen, dass sich das klassische lineare Fernsehen – nach wie vor –, besonders bei der älteren Generation, einer hohen Beliebtheit erfreuen darf.

---

[63] Vgl. Deloitte GmbH [2018], o.S.
[64] Vgl. Deloitte GmbH [2018], S. 9.

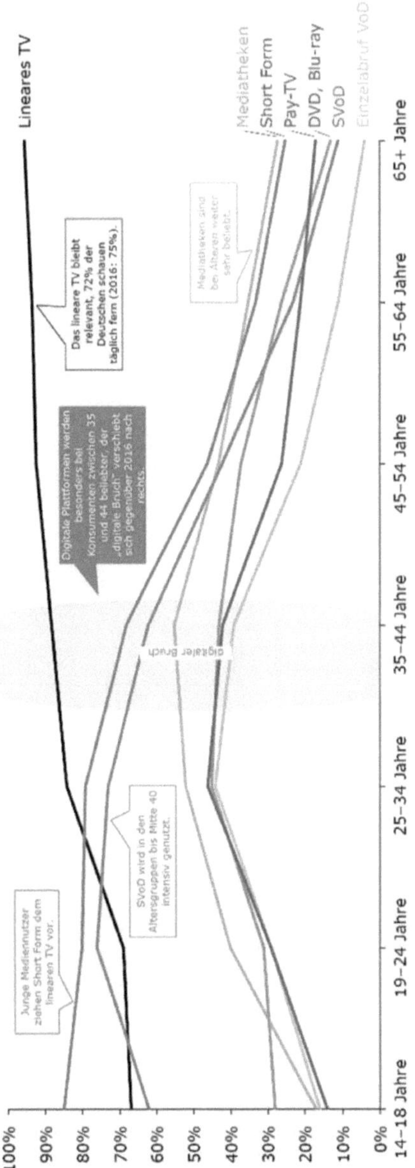

Abb. 22: Regelmäßige Videonutzung (mind. 1 x pro Woche) in den Altersgruppen (Quelle: Deloitte GmbH [2018], S. 6)

Die jüngere Altersgruppe beschäftigt sich hingegen vor allem mit Short-Form-Inhalten, wie es sie beispielsweise auf YouTube zu sehen gibt, sowie den verschiedenen Streamingangeboten von Netflix und Amazon Prime Video. Dies geht auch aus den neuesten Ergebnissen der Studie „Jugend, Information, Medien" hervor, die den Medienumgang von Jugendlichen im Alter von 12 bis 19 Jahren untersucht. Betrachtet man die unten aufgeführte Abbildung stellt man fest, dass sich die Nutzung von YouTube, Netflix und Amazon Prime Video in den vergangenen drei Jahren stark erhöht hat vor allem bezogen auf die Nutzung von Netflix von insgesamt 16 Prozent in 2016 auf 47 Prozent in 2018.

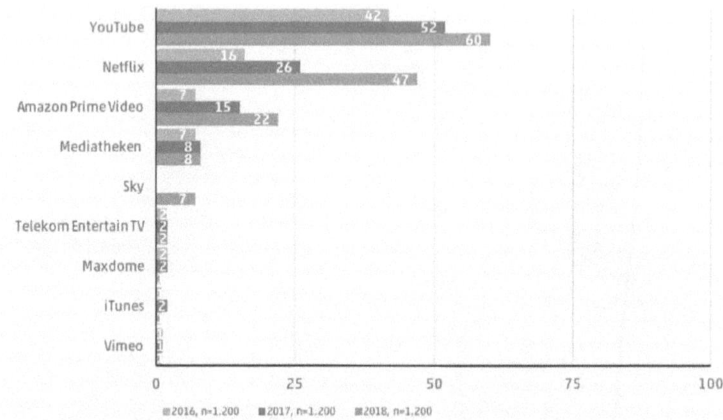

Abb. 23: Nutzung von Sendungen, Serien und Filmen im Internet 2018 (E 12-19 J., täglich / mehrmals die Woche)
(Quelle: Medienpädagogischer Forschungsverbund Südwest [2018], S.47)

Ein ähnlicher Trend zeigt sich bezogen auf das Streamingportal Amazon Prime, welches in 2018 von insgesamt 22 Prozent (2016: 7 Prozent) der 12 bis 19 Jährigen genutzt wird.

Die wichtigste Videoplattform ist bei den Jugendlichen jedoch nach wie vor YouTube. Insgesamt 90 Prozent (2017: 88 Prozent) der Jugendlichen nutzen YouTube mindestens mehrmals pro Woche (Mädchen: 87 %, Jungen: 93 %), davon 64 Prozent sogar täglich (Mädchen: 53 %, Jungen: 73 %).[65] Während YouTube früher vor allem für kurze Clips, oder das maximal 15-minütig andauernde Video

---

[65] Vgl. Medienpädagogischer Forschungsverbund Südwest [2018], S. 48.

stand, hat sich bei YouTube im Laufe der Zeit eine TV-ähnliche Struktur entwickelt. Inzwischen ist es auch möglich längere Sendungen über YouTube zu konsumieren, darüber hinaus haben sich verschiedene Kanäle – so genannte Channels – etabliert, die kostenfrei abonniert werden können.[66] Als YouTuber bezeichnet man Personen, die über YouTube Videos veröffentlichen. Im Laufe der Zeit sind YouTuber zu de neuen Fernsehstars der Jugendlichen geworden.

Beispielsweise betreibt die 25jährige Bianca „Bibi" Heinicke den YouTube-Kanal BibisBeautyPalace, auf dem sie regelmäßig Videos zu den Themen Mode, Kosmetik und Lifestyle veröffentlicht. Mit insgesamt 5,5 Mio. Abonnenten zählt ihr Kanal zu einem der meistabonnierten deutschsprachigen YouTube-Kanälen. Ebenso erfolgreich ist auch der 30jährige YouTuber Julien Bam (5,1 Mio. Abonnenten), der in seinem Kanal den Fokus vor allem auf die Themen Musik und Tanz gelegt hat.

Noch nie zuvor waren die Stars ihren Fans so Nahe, denn mit der Kommentarfunktion bei YouTube können die Fans mit Ihren Sternchen direkt in den Dialog treten und mittels „Like-Button" angeben, wie Ihnen das Video gefallen hat. Darüber hinaus sind die Stars natürlich auch auf den gängigen Social-Media-Kanälen vertreten und lassen ihre Fans dadurch an ihrem Leben teilhaben.

Etablierten Fernsehsender, denen die jüngeren Zuschauer immer mehr fernbleiben, versuchen diesem Negativtrend, durch Kooperationen und Importe von Teenie-Stars entgegenzuwirken.[67] Der erfolgreiche YouTuber Julien Bam ist daher beispielsweise seit 2018 Juror bei der ProSieben Dance Show „Masters of Dance", wodurch der Fernsehsender hofft, mit der linearen Fernsehsendung auch die jüngere Altersgruppe zu erreichen.

Bezogen auf die Digital Natives lässt sich insgesamt feststellen, dass sich die Mediennutzung in den vergangenen Jahren stark verändert hat. Während im Jahr 1998 noch insgesamt 95 Prozent der Jugendlichen im Alter von 12 bis 19 Jahren regelmäßig Fernsehen schauten, entwickelte sich die Fernsehnutzung in den vergangenen Jahren immer weiter zurück. In 2018 liegt der Anteil der Jugendlichen, die regelmäßig Fernsehen sehen – erstmals seit 20 Jahren – bei unter 75 Prozent (siehe Abbildung 24). Dabei erfolgt Fernsehen heutzutage nicht mehr nur über das klassische Fernsehgerät, sondern mittlerweile auch über das Internet mit seinen

---

66 Vgl. Groebel [2014], S. 43 f.
67 Vgl. Groebel [2014], S. 22.

verschiedenen Endgeräten. Die neuen technischen Ausspielungswege werden in der unten aufgeführten Abbildung 24 bereits seit 2007 mit berücksichtigt.

Die zunehmende Verbreitung von Smartphones und das steigende Angebot an Videoplattformen und Streamingportalen, haben „für eine Erosion der eher linearen Fernsehnutzung gesorgt."[68]

Es ist davon auszugehen, dass sich die Nutzung des klassischen linearen Fernsehens in der jüngeren Altersgruppe weiterhin rückläufig entwickeln wird. Streaminganbieter wie Netflix und Amazon Prime Video, sowie Videoportale wie YouTube profitieren hiervon bereits jetzt und werden ihre marktbeherrschende Position in den kommenden Jahren weiter ausbauen können. Es bleibt fraglich, welche Relevanz das klassische lineare Fernsehen in der jüngeren Altersgruppe künftig noch haben wird.

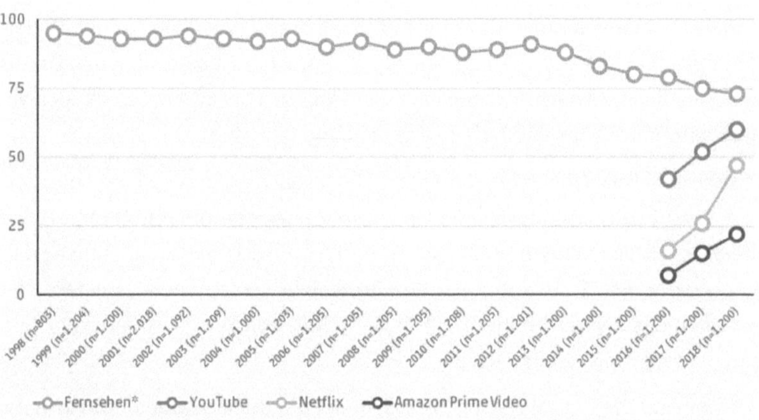

Abb. 24: Fernsehen, YouTube und Streaming-Dienste 1998-2018 (E 12-19 J., täglich / mehrmals die Woche)
(Quelle: Medienpädagogischer Forschungsverbund Südwest [2018], S. 68)

4.5 Nutzungsmotive (linear / non-linear) im Vergleich

In diesem Kapitel werden die Anlässe und Motive, die von linearer Videonutzung hin zu non-linearer Videonutzung führen, näher betrachtet. Darüber hinaus wird aufgeführt, wie sich die einzelnen Nutzungsformen aus der Sicht der Zuschauer

---

[68] Medienpädagogischer Forschungsverbund Südwest [2018], S. 68.

unterscheiden. Dabei spielen verschiedene körperliche, emotionale, kognitive und soziale Faktoren eine bedeutende Rolle, die dabei auch häufig ineinander übergehen.[69]

Wie bereits in den vorherigen Kapiteln beschrieben, unterscheiden sich die Präferenzen der Fernsehnutzer in Bezug auf lineare und nicht lineare Fernsehnutzung, vor allem zwischen den jeweililgen Altersgruppen. Jüngere Zuschauerinnen und Zuschauer neigen häufiger dazu, Inhalte zeitversetzt zu sehen, als ältere. Auch der Art des Genres kommt dabei eine wichtige Rolle zu. Während fiktionale Formate, wie beispielsweise Serien oder Filme, eher zeitversetzt gesehen werden, dominiert bei Live-Formaten aus den Bereichen Sport und Events, immer noch klar die klassische lineare Form des Fernsehens.

Neben dem unverzögerten Erleben eines Ereignisses dient die lineare Nutzung von Fernsehinhalten auch dem sozialen Austausch. Diese Komponente besaß das Fernsehen bereits in den 1950er Jahren, als sich noch nicht jeder einen Fernseher leisten konnte und man daher gemeinsam mit Nachbarn und Freunden, im Wohnzimmer oder in der Kneipe, Fernsehen schaute. Bis heute ist dieses Phänomen unter dem Begriff „Public Viewing" bei uns präsent und erfreut sich besonders während der großen Fußballereignisse großer Beliebtheit.[70]

Die nicht-lineare Nutzung von Fernsehinhalten ist hingegen vor allem durch die Souveränität des Nutzers gekennzeichnet. Neben dem Zeitpunkt und der konkreten Sendung, kann dieser auch aufgrund des jeweiligen Endgerätes, ortsunabhängig darüber entscheiden, wo er welche Art von Bewegtbild konsumieren möchte.[71]

Darüber hinaus hängt bei der Entscheidung zwischen einem linearen oder nicht-linearen Angebot, auch vieles von der jeweiligen Person ab. Dies umfasst bisherige Erfahrungen und Gewohnheiten, die eigene Motivation und Persönlichkeit, sowie die konkreten Situation, mit den verschiedenen Optionen und dem daraus resultierenden Aufwand und den damit verbundenen Kosten.[72] Übersicht hierzu verschafft Abbildung 24. Darin ist zu erkennen, dass die Auswahl des Mediums von verschiedenen Faktoren beeinflusst werden kann.

---

[69] Vgl. Hasebrink [2009], S. 5.

[70] Vgl. Groebel [2014], S. 12 f.

[71] Vgl. Geser [2014], S. 67.

[72] Vgl. Hasebrink [2009], S. 28.

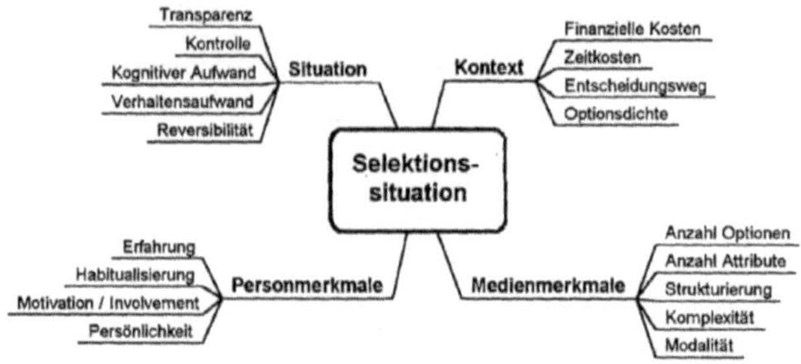

Abb. 25: Kriterien zur Beschreibung von Selektionssituationen
(Quelle: Hasebrink [2009],S. 30)

Während das klassische lineare Fernsehen vor allem dadurch gekennzeichnet ist, dass es feste Sendezeite gibt, ist der Zeitpunkt der Ausspielung bei non-linearen Videoangeboten hingegen zeitlich unabhängig und selbstbestimmt wählbar. Mussten sich die Zuschauerinnen und Zuschauer einer Fernsehserie früher noch an feste Sendezeiten halten und ihren Alltag danach ausrichten, lassen sich heutzutage nicht-lineare Nutzungsoptionen annähernd beliebig in den Tages- und Wochenrhythmus einbauen.[73]

Mit der neuen Souveränität des Zuschauers, ist auch eine Art von Serienhype entstanden, da man – anders als vom klassischen linearen Fernsehen gewohnt – nicht mehr bis zur nächsten Woche warten musste, um seine Lieblingsserie weiterzusehen. Daraus resultierend ist auch das Phänomen des Binge-Watchings entstanden. „Als Binge-Watching wird das exzessive und stundenlange Schauen von mehreren Episoden einer Fernsehserie nacheinander und ohne große Unterbrechung bezeichnet."[74] Insbesondere die Autoplay-Funktion der verschiedenen Streamingdienste, bei der die nächste Folge einer Serie innerhalb weniger Sekunden automatisch startet, verführt viele Zuschauerinnen und Zuschauer zum Binge-watching. Binge-Watching birgt daher auch das Potential, den Tagesrhythmus der Zuschauerinnen und Zuschauer zu beeinflussen. Dies kann unter anderem dazu führen, dass Serien bis spät in die Nacht gesehen und somit Schlafphasen beeinträchtigt werden. Die daraus resultierenden Auswirkungen auf die Schlafqualität können zu einer Verschlechterung der kognitiven Leistungsfähigkeit führen.[75] Laut aktueller

---

[73] Vgl. Hasebrink [2009], S. 42

[74] Kurby [o.J.], o.S.

[75] Vgl. Kurby [o.J.], o.S.

JIM-Studie nimmt das Binge-Watching mit zunehmenden Alter zu. Im Jahr 2018 sahen 65 Prozent der Jugendlichen im Alter von 12 bis 19 Jahren mehrere Folgen einer Serie am Stück.[76]

Ähnlich wie bei der non-linearen Videonutzung dient das klassische lineare Fernsehen vor allem der Anregung, Entspannung und Unterhaltung. Dabei ist der Großteil des TV-Konsums häufig von Stimmungen geprägt und geschieht rein intuitiv aus der Situation heraus.[77] Gerade in einer immer schneller werdenden Welt, mit einem unüberschaubaren medialen Angebot, sehnen sich viele wieder nach festen Strukturen. Zu diesen zählen unter anderem auch die 20-Uhr-Nachrichten der Tagesschau (ARD). Gerade in Zeiten von Fake News werden unabhängig recherchierte Informationen der öffentlich-rechtlichen Sender, für den Zuschauer immer wichtiger. Dies belegen auch die gestiegenen Einschaltquoten. Im Jahr 2017 sahen laut AGF/GfK-Fernsehforschung im Durchschnitt mehr als 10,18 Millionen Zuschauer die ARD-Nachrichtensendung Tagesschau. Im Jahr 2012 waren es hingegen nur 8,79 Millionen Zuschauerinnen und Zuschauer.[78]

Darüber hinaus hat eine Studie der Mediengruppe RTL Deutschland ergeben, dass Nutzer von kostenpflichtigen Bewegtbild-Angeboten auch weiterhin klassisches lineares Fernsehen sehen. „Das Fernsehverhalten der Deutschen wird differenzierter, abwechslungsreicher und integriert die neuen, nicht-linearen Angebote entsprechend ihrer Stärken und Schwächen in den Alltag."[79]

Durch die Nutzung von linearen und non-linearen Angeboten über sämtliche Endgeräte hinweg, entwickelt sich der Zuschauer zu einer Art „Rocking Recipient", der sich in einem Wechselspiel zwischen dem traditionellen Fernsehen und der digitalen Welt bewegt.[80]

---

[76] Vgl. Medienpädagogischer Forschungsverbund Südwest [2018], S. 48.

[77] Vgl. Groebel [2014], S. 64 f.

[78] Statista GmbH [2019b], o.S.

[79] IP Deutschland [2018a], o.S.

[80] Vgl. Groebel [2014], S. 71.

5 Die Bedeutung von Bewegtbild als Werbemedium

„Mit der Verlagerung der Nutzung weg von den klassischen Medien hin zu den digitalen Medien verschieben sich auch die Werbeausgaben der Werbekunden."[81]

Werbekunden möchten die größtmöglichste Aufmerksamkeit für ihr Produkt erzielen und nutzen dafür vor allem Medien mit hohen Reichweiten. Im Zuge der Digitalisierung haben sich im Laufe der Zeit eine Vielzahl an Medien – neben dem klassischen Fernsehen – im Markt etabliert.

Während es früher lediglich über das klassische Fernsehgerät (oder das Kino) möglich gewesen ist, audiovisuelle Inhalte an einen bestimmten Zuschauerkreis zu transportieren, wird hierfür heutzutage verstärkt das Internet genutzt. Die neuen technischen Möglichkeiten haben zu Veränderungen und Anpassungen innerhalb der Kommunikationsstrategie und des Mediamixes der Kunden geführt.

Die folgenden Unterkapitel sollen einen Eindruck vom gesamtdeutschen Werbemarkt geben und dabei aufzeigen, welche Relevanz Bewegtbild als Werbemedium heutzutage überhaupt noch hat. Darüber hinaus werden die Entwicklungen innerhalb des klassischen Fernsehmarktes dargestellt und aufgezeigt, wie das klassische lineare Fernsehen versucht mit den digitalen Möglichkeiten zu verschmelzen.

5.1 Der Werbemarkt im Überblick

Laut dem Zentralverband der deutschen Werbewirtschaft e.V. wurden im Jahr 2017 gut 45,87 Mrd. Euro in kommerzielle Werbung investiert. Gemessen am deutschen Bruttoinlandsprodukt (3.263,35 Mrd. Euro) entspricht dies etwa einem Anteil von 1,4 Prozent. Die Werbeinvestitionen in Medien lagen dabei bei insgesamt 15.307,38 Mio. Euro. Mit insgesamt 4.591,10 Mio. Euro macht das Fernsehen davon den größten Anteil aus und konnte seine Netto-Werbeeinnahmen sogar um insgesamt 0,7 Prozent zum Vorjahr (2016: 4.559,7 Mio. Euro) steigern.[82]

Abbildung 25 gibt einen Überblick über die Entwicklung der Netto-Werbeeinnahmen, im Zeitraum von 2001 bis 2016. Klar erkennbar ist, dass sich die Umsätze für Fernsehwerbung und Online- Mobilewerbung in den vergangenen Jahren durchweg positiv entwickelt haben. Die Werbeeinnahmen für Tageszeitungen haben sich hingegen um mehr als die Hälfte reduziert. Während Tageszeitungen im Jahr 2001

---

[81] Geser [2014], S. 58.
[82] Vgl. Zentralverband der deutschen Werbewirtschaft ZAW e.V. [2018], S. 2f.

noch über 5,5 Mrd. Euro an Netto-Werbeeinnahmen erwirtschafteten und damit als umsatzstärkstes Medium Deutschlands galten, kommen Sie im Jahr 2016 nur noch auf lediglich 2,5 Mrd. Euro an Werbeeinnahmen. Seit 2010 gilt das Fernsehen als umsatzstärkstes Medium und prosperiert dabei kontinuierlich. Abbildung 27 verdeutlicht, dass das Fernsehen auch im Jahr 2018, mit insgesamt 47,88 Prozent Marktanteil und einem deutlichen Abstand zu den anderen Gattungen, die umsatzstärkste Mediengattung Deutschlands ist.

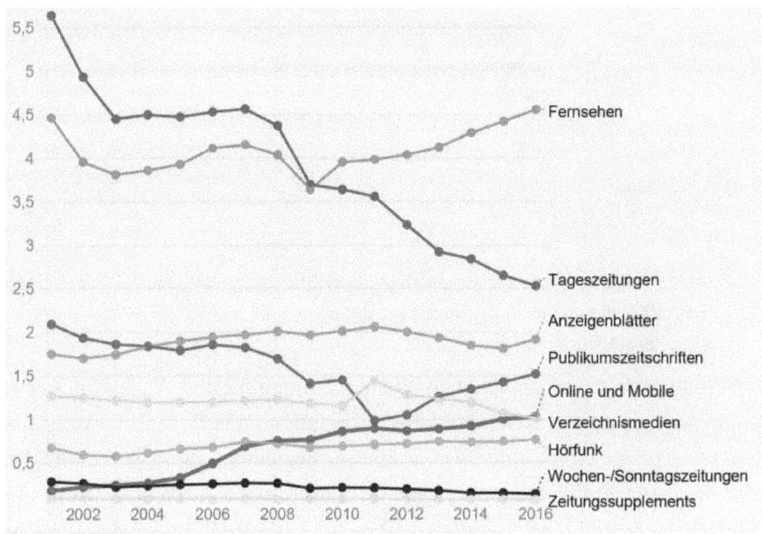

Abb. 26: Netto-Werbeeinnahmen der Medien (in Mrd. Euro)
(Quelle: Zentralverband der deutschen Werbewirtschaft e.V. [2017], o.S.)

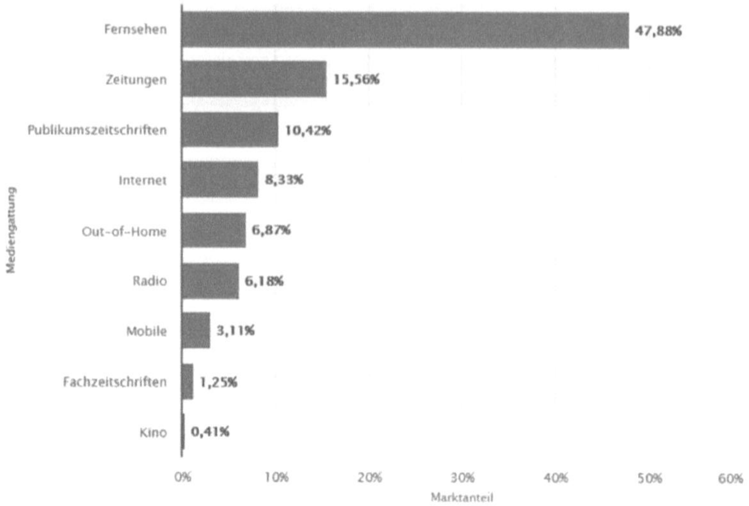

Abb. 27: Marktanteile der einzelnen Mediengattungen an den Bruttowerbeerlösen in
Deutschland von Januar bis November 2018
(Quelle: Statista GmbH [2019c], o.S.)

Es ist jedoch davon auszugehen, dass sich das signifikatne Wachstum der vergangenen Jahre, in den kommenden Jahren, zugunsten des Internets, etwas abschwä-
chen wird (siehe Abbildung 28). Zu diesem Ergebnis kommt jedenfalls das briti-
sche Beratungsunternehmen PricewaterhouseCoopers in seiner Studie „German
Entertainment und Media Outlook 2018–2022 (GEMO)", in der das Unternehmen
einen Überblick über die aktuelle und künftige Lage der Medienbranche gibt.

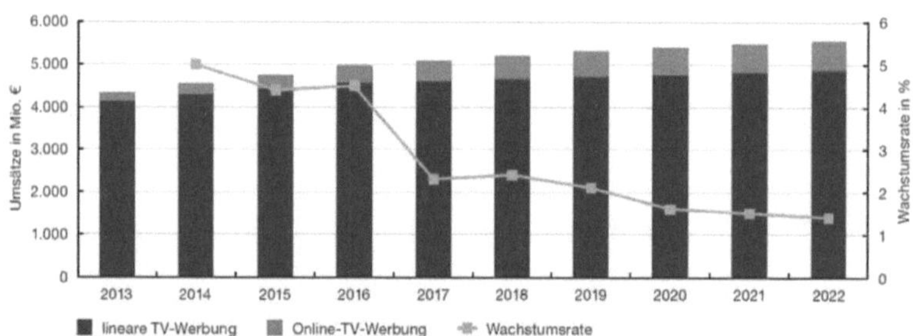

Abb. 28: Umsatzentwicklung des TV-Werbemarktes (Prognose)
(Quelle: PricewaterhouseCoopers GmbH [2018], S. 91)

In der Studie wird unter anderem deutlich, dass sich der digitale Bewegtbildmarkt auch weiterhin positiv entwickeln wird. Im Prognosezeitraum von 2018 bis 2022 rechnet PwC mit einem durchschnittlichen jährlichen Wachstum von insgesamt 7,7 Prozent und einem Umsatz von 695 Millionen Euro (Brutto) im Jahr 2022. Dies entspricht einem Anteil von etwa 12,3 Prozent des gesamten TV-Werbemarktes. Die Gründe für das eher schwache Wachstum liegen laut PwC vor allem in der zu erwartenden Marktsättigung, sowie im zunehmenden Wettbewerb von Streaminganbietern, wozu es unter anderem zu Preisverfällen kommen kann.[83]

Während der stationäre (desktop-basierte) Bereich der Onlinewerbung vor allem durch das Suchmaschinenmarketing (ca. 3,5 Mrd. € Brutto in 2017) und dem Display-Geschäft (ca. 1,5 Mrd. € Brutto in 2017) geprägt ist, liegt der Anteil der digitalen Videowerbung in 2017 bei lediglich 577 Millionen Euro.[84] Werbetreibende haben jedoch erkannt, dass die jüngere Altersgruppe heutzutage beinahe ausschließlich mobil zu erreichen ist. „Die Beliebtheit und nachweislich hohe Effizienz von Videowerbung auf dem Smartphone sowie die neuen Möglichkeiten von In-App-Push-Mitteilungen machen den mobilen Kanal zur starken Ergänzung der stationären Werbung."[85] Abbildung 29 verdeutlicht, dass sich der Anteil der mobile Onlinewerbung in den vergangen Jahren stark erhöht hat. Das Beratungsunternehmen PricewaterhouseCoopers kommt in seiner Analyse zu dem Ergebnis, dass sich die mobilen Brutto-Werbespendings bis 2022, von insgesamt 821 Millionen Euro in 2017 auf insgesamt 1,9 Mrd. Euro in 2022, mehr als verdoppeln werden. Besonders stark wird sich dabei der Anteil der mobile Videowerbung entwickeln, welcher im Jahr 2022 beinahe die Hälfte der gesamten mobilen Werbespendings ausmachen wird.

---

[83] Vgl. PricewaterhouseCoopers GmbH [2018], S. 91.
[84] Vgl. PricewaterhouseCoopers GmbH [2018], S. 96.
[85] ebd.

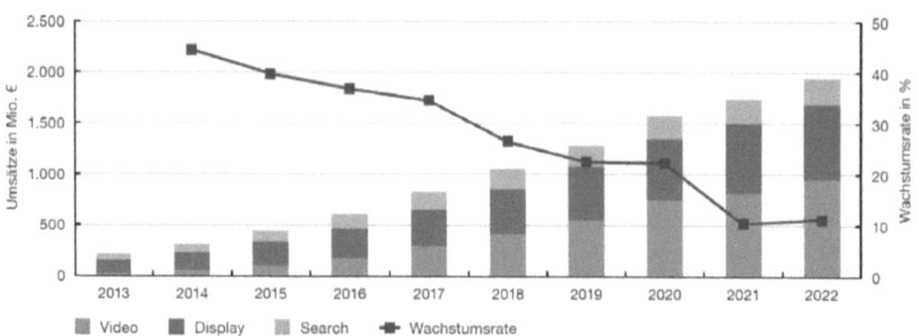

Abb. 29: Umsatzentwicklung / Prognose der mobilen Onlinewerbung (Brutto) (Quelle: Vgl. PricewaterhouseCoopers GmbH [2018], S. 97)

5.2 Die Relevanz des "Massenmediums TV"

In den vorherigen Kapiteln wurde bereits dargestellt, dass das klassische lineare Fernsehen die umsatzstärkste Mediengattung im deutschen Markt darstellt. Trotz der zunehmenden Digitalisierung und der Vielzahl an medialen Konkurrenzprodukten, ist das klassische lineare Fernsehen, nach wie vor – und vor allem mit deutlichem Abstand – das reichweiten- und umsatzstärkste Medium Deutschlands. Fraglich ist, welche Ursachen hierfür zugrunde liegen.

TV regt in vieler Hinsicht zum Handeln an und die Werbetreibenden erhoffen sich durch ihren Werbespot Kaufimpulse bei den Zuschauerinnen und Zuschauern auszulösen. Unzählige Tele-Shopping-Sender, wie beispielsweise QVC oder HSE24 sprechen für sich und beweisen, dass das Fernsehen ein ideales Abverkaufsmedium ist.[86] Darüber hinaus sorgt das klassische lineare Fernsehen nicht nur für die direkte Kaufaktivierung, sondern auch für einen langfristigen Markenaufbau.

Mehr als 20% der Suchanfragen im Internet lassen sich unmittelbar auf TV-Werbung zurückführen.[87] Punktell kam es in der Vergangenheit dazu, dass die Nachfrage nach TV-beworbenen Produkt so massiv war, dass Website und / oder Onlineshop, aufgrund von Serverüberlastungen unerreichbar waren. Darüber hinaus gibt es hin und wieder auch Werbetreibende, die die Absatzwirkung von TV unterschätzt haben und dadurch in Auslieferungsschwierigkeiten geraten sind. Neben diesen unmittelbar erzielten Effekten bringt TV-Werbung jedoch auch eine Reihe

---

[86] Vgl. Groebel [2014], S. 68.
[87] Vgl. Screenforce [2018], S. 10.

von indirekten Effekten mit sich, wie beispielsweise die Steigerung der Markenbekanntheit und der Werbeerinnerung.

Gerade in Zeiten von Performance-Marketing rücken messbare Key-Performance-Indicators (KPI's), wie beispielsweise Klicks und Website-Aufrufe, immer stärker in den Fokus des Werbetreibenden. Auch das klassische lineare Fernsehen wird von Werbetreibenden immer häufiger kritisiert und mittlerweile auch dazu aufgefordert die Wirksamkeit der Methode nachzuweisen. Mittels „ROI-Analyzer" der SevenOne Media ist dies nun auch tatsächlich möglich. Als ROI (Return-on-Investment) bezeichnet man die Rentabilität von (Werbe-)Investitionen. „Sobald der durch Werbung erzielte Zusatzumsatz größer als die Werbeinvestition ist, wird der ROI größer als 1 und die Kampagne beginnt sich für den Kunden zu rechnen."[88] Die Studie „ROI-Analyzer" der SevenOne Media hat die Werbespendings von insgesamt 204 Marken aus den verschiedensten Branchen miteinander analysiert und ist zu dem Ergebnis gekommen, dass sich eine TV-Kampagne bereits nach einem Jahr, mit einem durchschnittlichen ROI von 1,15 Euro, refinanziert. Dass sich die Stärke von TV-Werbung vor allem langfristig entfaltet, indem sie Markenvertrauen aufbaut und damit nachhaltig den Abverkauf von Marken steigert, zeigt die Entwicklung des ROI's nach insgesamt fünf Jahren. Der ROI entwickelt sich innerhalb dieses Zeitraums sogar auf ingesamt 2,65 Euro, so das Ergebnis des ROI-Analyzers. Es gilt dabei jedoch zu berücksichtigten, dass es sich hierbei um Durchschnittswerte handelt und sich der Einfluss der Werbung, je nach Marke und Produktgruppe, stark unterscheiden kann.

Die Forschungsabteilung der Omnicom Media Group (annalect) hat in Zusammenarbeit mit dem Vermarkter IP Deutschland, die Werbespendings verschiedener Marken aus dem FMCG-Bereich untersucht. Als „Fast Moving Consumer Goods" (FMCG) werden Konsumgüter bezeichnet, die besonders häufig gekauft und in der Regel täglich benötigt werden (zum Beispiel Lebensmittel, Reinigungsmittel und Körperpflegeprodukte). Dabei wurde festgestellt, dass es für Werbetreibende durchaus sinnvoll ist, neben TV auch weitere Medien mit in den Mediamix zu integrieren. TV wirkt im Mix als eine Art Beschleuniger und erhöht den ROI der anderen Medien (siehe Abbildung 30). Im unten abgebildeten Beispiel ist zu erkennen, dass die Kombination von Online und TV im FMCG-Mediamix den größtmöglichen ROI-Effekt auslöst. Hierbei muss jedoch berücksichtigt werden, dass der ROI

---

immer maßgeblich vom eingesetzten Werbedruck / Mediabudget abhängt und sich ROI's pro Medium daher auch nicht pauschalisieren lassen.

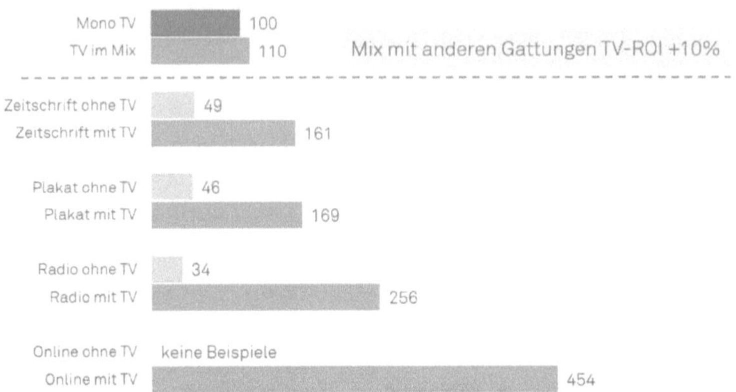

Abb. 30: Durchschnittlicher ROI pro Medium, indiziert vs. TV-ROI Mono (FMCG)
(Quelle: IP Deutschland GmbH [2018b], S. 1)

Die signifikante Impulskraft des Mediums TV haben auch die großen Video-on-Demand-Anbieter, wie beispielsweise Netflix und Amazon Prime Video, für sich erkannt. Mit einem Anteil von insgesamt 75 Prozent am Mediamix der VoD-Anbieter, machte das klassische lineare Fernsehen im Jahr 2016 insgesamt den größten Anteil der Werbespendings aus (siehe Abbildung 31).

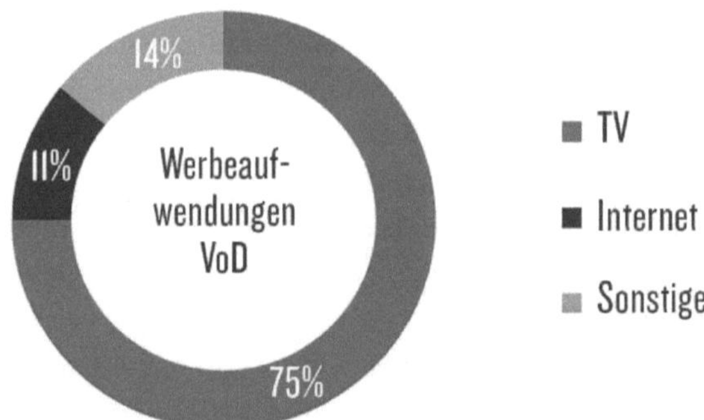

Abb. 31: Werbeaufwendungen der Video-Streamingdienste nach Mediengattungen (2016)
(Quelle: The Nielsen Company Germany GmbH [2017], o.S.)

„Kein anderes Medium ist in der Lage, so schnell eine hohe Reichweite aufzubauen. Diese Leuchtturm-Funktion wird in einer fragmentierten Medienwelt mit ihren zersplitterten Reichweiten immer wichtiger – der Wert von TV im Vergleich mit anderen Medien steigt. Doch erst die Kombination aus Reichweiten-Turbo und hoher Werbewirkung sorgt für die Alleinstellung. Dabei sind es vor allem seine Emotionalität und Suggestivkraft, die TV zum wirkungsvollsten Werbemedium mit dem höchsten Return-on-Investment (ROI) machen."[89]

5.3 Anpassungen in der klassischen TV-Planung

Die fortschreitende technologische Entwicklung hat zu Veränderungen und Anpassungen innerhalb der Kommunikationsstrategie und innerhalb des Mediamixes der Werbetreibenden geführt.

Aufgrund der Fragmentierung des Marktes weiten Agenturen ihre TV-Kampagnen auf immer mehr Sender aus. Abbildung 31 stellt dar, dass sich die Anzahl der belegten Sender in den vergangenen Jahren kontinuierlich erhöht hat. Wurden im Jahr 2008 noch durchschnittlich knapp fünf Sender belegt, sind es zehn Jahre später bereits knapp acht Sender.

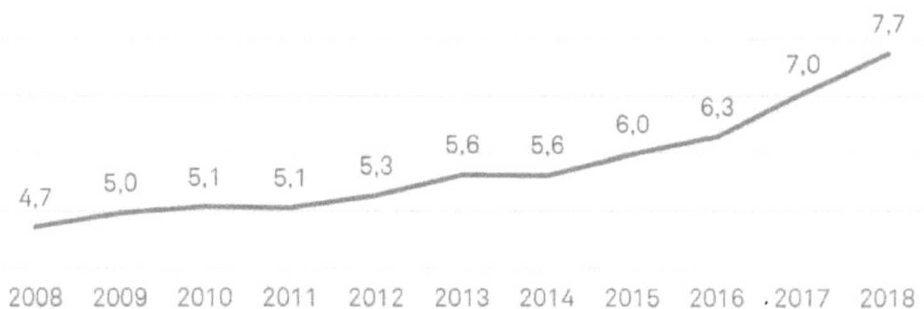

Abb. 32: Durchschnittliche Anzahl belegter Sender pro TV-Kampagne.
(Quelle: The Nielsen Company Germany GmbH [2018], S. 1)

Darüber hinaus nimmt auch die Anzahl an Werbespots seit 2013 stetig zu. Im Jahr 2018 wurden insgesamt ca. 2,75 Millionen Spots im deutschen Fernsehen ausgestrahlt. Im Jahr 2013 waren es hingegen lediglich 1,65 Millionen (siehe Abbildung 33). Ein Wachstum von mehr als 66 Prozent. Gleichzeitig reduzieren die Kunden jedoch ihre Spotlänge (siehe Abbildung 34). Lag die durchschnittliche Spotlänge im Jahr 2008 noch bei insgesamt 20,4 Sekunden, verringerte sich diese bis 2018 um insgesamt 2,1 Sekunden. Die Werbetreibenden reagieren damit auf die

---

[89] Screenforce [o.J.], o.S.

zunehmende Sendervielfalt und die damit einhergehende, immer geringer werdende Aufmerksamkeitsspanne des jeweils Umworbenen.

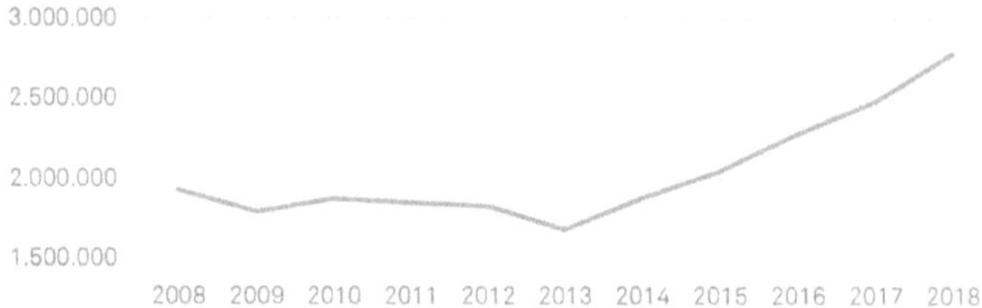

Abb. 33: Entwicklung der Spotanzahl in Deutschland.
(Quelle: The Nielsen Company Germany GmbH [2018], S. 2)

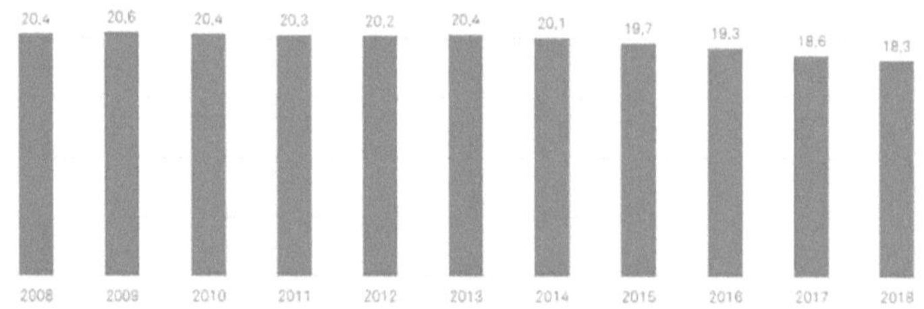

Abb. 34: Entwicklung der durchschnittlichen Spotlänge in Deutschland.
(Quelle: The Nielsen Company Germany GmbH [2018], S. 3)

Des Weiteren erhoffen sich viele Werbetreibenden mittels verkürztem Folgespot eine noch höhere Werbeerinnerung beim Rezipienten zu erzeugen. Sogenannte „Reminderspots" eignen sich darüber hinaus auch ideal um Storytelling zu betreiben und auf zuvor ausgestrahlte Sequenzen aufzubauen. Auch im digitalen Bereich ist dies mittels sogenannter „Shortclip-Ads" (auch BumperAds genannt), die eine Spotlänge von ca. sechs bis neun Sekunden haben, möglich. Eine hohe Bekanntheit haben die kurzen Spots vor allem durch YouTube erhalten.

Durch die zunehmende Konvergenz der Medien, wird die klassische TV-Planung Teil einer ganzheitlichen Bewegtbildstrategie, in der auch die digitale Videowerbung inkludiert ist. Das Fernsehen und das Internet verschmelzen dabei immer weiter. Bei Kampagnen, die sich gezielt an eine jüngere Zielgruppe richten, werden fehlende TV-Kontakte schon heute mit digitalem Bewegtbild (In- oder Out-Stream-Werbung) ergänzt. In diesem Sinne steht die Abkürzung TV schon lange nicht mehr nur für das klassische lineare Fernsehen (Television), sondern darüber hinaus auch für Total Video. Eine ganzheitliche Videostrategie, bei der die Wirkung von audivisuellen Bildern im Vordergrund steht und nicht der jeweilige Weg der Ausspielung.

5.4 Addressable TV als sinnvolle Ergänzung

Durch die Verschmelzung der digitalen Welt mit dem linearen Fernsehen ergeben sich völlig neue Möglichkeiten der individualisierten Zielgruppenansprache über den Big Screen. Die „Ad-Server-basierte Ausspielung von Werbung im linearen Fernsehen"[90] wird auch als Addressable TV bezeichnet. Durch die steigende Anzahl der ans Internet angeschlossenen Fernsehgeräte, wird Addressable TV für Werbetreibende zunehmend relevanter. Im Jahr 2018 lag der Anteil der TV-Haushalte mit einem ans Internet angeschlossenen Smart TV bei insgesamt 41 Prozent.[91] Dies entspricht in etwa einer Anzahl von 15,87 Mio. Haushalten.[92]

Das Unternehmen Smartclip (erworben von IP Deutschland GmbH, dem Vermarkter der Mediengruppe RTL Deutschland), das sich zu einem der führenden ATV-Vermarkter Deutschlands entwickelt hat, gibt an, insgesamt bis zu 17,4 Millionen Smart TV's ansteuern zu können (siehe Abbildung 35). Geht man davon aus, dass die Zuschaueranzahl pro Gerät bei zwei Personen liegt, erhält man eine Audience von knapp 35 Millionen Menschen. Eine relevante Reichweite für Werbungtreibende, die – der Abbildung entsprechend – in den vergangenen Jahren immer größer geworden ist und langsam eine Sättigung erfährt.

Die rechte Seite der Abbildung 35 verdeutlicht ferner, dass die ATV-Reichweiten der jeweiligen Sender in einem ähnlichen Verhältnis – bzw. einer vergleichbaren Skalierung – zu den linearen Reichweiten der Sender stehen.

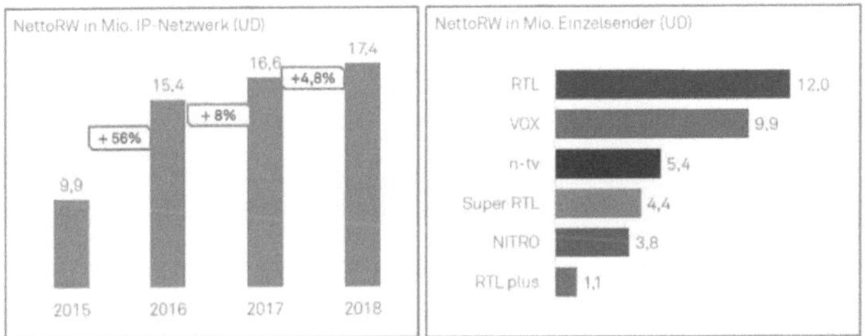

Abb. 35: Reichweitenentwicklung von Addressable TV bezogen auf die Sender der Mediengruppe RTL Deutschland (nach Unique Devices)
(Quelle: IP Deutschland GmbH [2018c], S. 3.)

---

[90] Paluszkiewicz [2018], o.S.
[91] IP Deutschland GmbH [2018c], S. 4.
[92] Statista GmbH [2019d], o.S.

Die Stärken des klassischen linearen Fernsehens, wie beispielsweise Reichweite und Glaubwürdigkeit durch passende Umfelder, werden bei Addressable TV mit der Interaktionsfähigkeit des Internets kombiniert.

Bei Addressable TV wird generell zwischen spotbegleitenden und spotunabhängigen Werbeformen unterschieden. Während spotbegleitende Werbeformen auf einem klassischen linearen TV-Spot beruhen und lediglich mit digitalen Informationen angereichert werden, können spotunabhängige Werbeformen auch ohne klassischen linearen TV-Spot im Fernsehen ausgespielt werden.

Bei der spotbegleitenden Variante wird der klassische lineare TV-Spot mit einem „Red Button" angereichert, welcher standardmäßig an der unteren rechten Ecke des Spots positioniert wird. Während des Spots fordert die eingeblendete Red Button-Grafik den Zuschauer zum Drücken der roten Farbtaste auf der Fernbedienung auf. Nachdem die rote Taste gedrückt worden ist gelangt der Zuschauer zu einer kundenindividuellen Microsite, die zum Beispiel Bildergalerien, Videointegrationen und diverse weitere Features beinhalten kann. Auch die Implementierung von Gewinnspielen ist hierbei möglich. Die Microsite lenkt die fokussierte Aufmerksamkeit der Zuschauer auf das Produkt / die Botschaft des Werbekunden und bietet diesem die Möglichkeit, sich mit den Informationen zu einem Produkt zu beschäftigen.

Bei spotunabhängigen Werbeformen kommt es hingegen zu einer etwa zehnsekündigen Werbeeinblendung, die nach einem Senderwechsel (Umschaltmechanismus) erfolgt und während des laufenden Programms ausgespielt wird. Das Werbemittel kann dabei ebenfalls mit verschiedenen Daten angereichert werden und bietet darüber hinaus auch die Möglichkeit der Interaktion mittels der Yellow-Button-Taste. Durch die Betätigung der gelben Taste auf der Fernbedienung gelangen die Zuschauerinnen und Zuschauer auf die jeweils kundenindividuelle Microsite.

„Die relevanten Zuschauersegmente werden gezielt und gesteuert angesprochen und individuell in die Marken- und Produktwelt der Werbetreibenden gezogen."[93] Dies geschieht mittels verschiedener Targeting-Mechanismen, die aus der digtialen Welt bereits bekannt sind. Beispielsweise besteht die Möglichkeit mittels Geotargeting innerhalb bestimmter Regionen zu werben. Die regionale Aussteuerung ist

---

[93] Schütte-Gravelaar [2017], o.S.

dabei sogar auf PLZ-Basis möglich und führt dazu, dass auch immer mehr kleinere Unternehmen den Weg auf den Big Screen des Wohnzimmers finden.

Darüber hinaus erhalten ATV-Kunden regelmäßig Reportings zu der Performance der jeweils laufenden Kampagne. Vergleichbar mit einem digitalen Flight lassen sich nämlich auch ATV-seitig alle relevanten Kampagnen-KPI's (AdImpressions, Klickraten, Verweildauer auf der Microsite …) mitmessen und entsprechend reporten. Werbetreibende haben dadurch die Möglichkeit die laufende Kampagne zu optimieren und können dadurch frühzeitig feststellen, ob eine Kampagne den gewünschten Erfolg erzielt oder eben nicht.

Addressable TV eignet sich ferner dazu Storytelling zu betreiben. Dadurch, dass bspw. ausschließlich Haushalte angesprochen werden können, die bereits mit dem klassischen linearen TV-Spot in Berührung gekommen sind, kann die Werbewirkung durch eine zeitnahe Wiederholung der Botschaft verstärkt werden und das Storytelling fortgesetzt bzw. ergänzt werden.[94] Eine weitere Möglichkeit besteht darin, gezielt Haushalte über ATV anzusprechen, die bisher noch keinen Kontakt mit dem klassischen linearen TV-Spot hatten. Eine tolle Möglichkeit um die inkrementelle Nettoreichweite zu erhöhen und Streuverluste zu vermeiden.[95]

Momentan entwickeln Vermarkter Technologien, die entsprechend des oben dargestellten TV-Ansatzes, die Identifizierung und -zuordnung weiterer Endgeräte innerhalb eines Netzwerkes ermöglichen sollen.[96] Es ist daher davon auszugehen, dass sich die oben aufgeführten Punkte auch auf die anderen Endgeräte ausweiten werden. In einer immer stärker miteinander vernetzten Welt, wird es daher künftig möglich sein, ein geräteübergreifendes Kontaktklassen-Management und Storytelling zu betreiben, sofern sich die jeweiligen Geräte innerhalb des gleichen WLAN-Netzes befinden.

---

[94] Schütte-Gravelaar [o.J.], o.S

[95] ebd.

[96] IP Deutschland GmbH [2018d], o.S.

6 Ausblick und Fazit

Die Digitalisierung und der technologische Fortschritt haben in den vergangenen Jahren dazu geführt, dass eine Vielzahl neuer Nutzungsoptionen entstanden ist. Das Überangebot von Medien führte darüber hinaus zu einer Fragmentierung des Marktes.

Durch die steigende Relevanz von Video-on-Demand-Angeboten, insbesondere innerhalb der jüngeren Altersgruppe, ist es zu einem veränderten Mediennutzungsverhalten gekommen. Die zeitsouveräne Nutzung audiovisueller Angebote darf dabei jedoch nicht automatisch mit dem Untergang des klassischen linearen Fernsehens gleichgesetzt werden, da es sich hierbei nicht um eine disruptive Technologie, sondern vielmehr um eine Art von Ergänzung handelt. Je nach Zuschauerbedürfnis und Situation werden beide Nutzungsmöglichkeiten flexibel eingesetzt und komplementär genutzt. Das grundlegende Bedürfnis des Menschen, sich zu entspannen, zurückzulehnen und sich zu unterhalten, live und mit Freunden oder Familie, bleibt dabei unverändert. Während das klassische lineare Fernsehen vor allem die Sehnsucht nach Orientierung, Gemeinschaft und Alltagsstrukturierung befriedigt, bedienen Video-on-Demand-Angebote vor allem den Wunsch nach zeitlicher Souveränität, Individualität und autonomer Programmselektion. Durch Social TV erlebt das Fernsehen dabei eine Renaissance als gemeinschaftsbildendes Medium. Es entstehen Fangruppen, die sich mittels Second Screens über das laufende Programm austauschen und dadurch einen größere Bindung zur Sendung entwickeln.

Trotz teilweise vereinzelt sinkender Quoten und einer immer höheren Anzahl konkurrierender Angebote, bleibt das klassische lineare Fernsehen das meistgenutzte Medium Deutschlands. Es bietet Werbetreibenden nach wie vor die größtmöglichste Reichweite und schafft bei den Zuschauern Impulse, die zu Abverkäufen führen können.

Zusammenfassend ist festzuhalten, dass Fernsehen und Internet in den kommenden Jahren noch enger miteinander verschmelzen und sich dadurch neue Möglichkeiten der (non-)-linearen, mobilen und vernetzten Nutzung ergeben werden. Generell gilt, dass sich Unternehmen, die in einem von Konvergenzprozessen geprägten Umfeld agieren, auf kontinuierliche Veränderung und wachsende Komplexität einstellen müssen. Die klassischen Fernsehsender sollten daher auch weiterhin in innovative und zukunftsweisende Technologien investieren, um dem veränderten Mediennutzungsverhalten fortgesetzt gerecht werden zu können. Auch mit Blick auf die wachsende internationale Konkurrenz (Netflix & Co.) wird es künftig immer wichtiger werden, sich durch hochwertige Inhalte, Authentizität und Kreativität von der Konkurrenz abzugrenzen.

Literaturverzeichnis

AGF Videoforschung GmbH [2018] ASM 2018, Research meets Sales, Anteil der Haushalte in Deutschland mit ans Internet angeschlossenem Smart TV, siehe digitaler Anhang, S. 1.

AGF Videoforschung GmbH [2019a] TV in der Krise: Unter-50-Jährige schauten 2018 so wenig fern wie seit Jahrzehnten nicht, verfügbar unter: https://meedia.de/2019/01/11/trotz-fussball-wm-unter-50-jaehrige-schauten-2018-so-wenig-fern-wie-seit-jahrzehnten-nicht/ (abgerufen am 12.01.2019)

AGF Videoforschung GmbH [2019b] Definition Sehdauer, verfügbar unter: https://www.agf.de/daten/tvdaten/sehdauer/?name=sehdauer (abgerufen am 16.01.2019)

AGF Videoforschung GmbH [2019c] Definition Verweildauer, verfügbar unter: https://www.agf.de/daten/tvdaten/verweildauer/?name=verweildauer (abgerufen am 16.01.2019)

ARD/ZDF-Onlinestudie [2018] Zuwachs bei medialer Internetnutzung und Kommunikation, verfügbar unter: http://www.ard-zdf-onlinestudie.de/files/2018/0918_Frees_Koch.pdf (abgerufen am 03.01.2019)

ARD/ZDF-Studie Massenkommunikation [2015] Medienzeitbudgets und Tagesablaufverhalten, verfügbar unter: https://www.br.de/unternehmen/service/medienforschung/medienzeitbudgets-tagesablaufverhalten-2015-texte-links-media-perspektiven-100~attachment.pdf? (abgerufen am 02.01.2019)

Bärler, L. [2018] Amazon Prime Video erklärt: Was ist das? Was kostet es?, verfügbar unter: https://www.pc-magazin.de/ratgeber/amazon-prime-video-3200197.html (abgerufen am 02.01.2019)

Bayerischer Rundfunk [2016] Goldene Rose der Europäischen Rundfunkunion für "Terror – Ihr Urteil, verfügbar unter: https://www.daserste.de/unterhaltung/film/terror-ihr-urteil/terror-ihr-urteil-goldene-rose100.html (abgerufen am 05.01.2019)

Beck, K. [2018] Das Mediensystem Deutschlands, 2. Aufl., Wiesbaden, 2018.

Beyer, A. [2016] Die Geschichte des Fernsehens in Deutschland, in: Altendorfer, O./Hilmer, L. (Hrsg.): Medienmanagement, Band 2: Medienpraxis - Mediengeschichte -Medienordnung, 1. Aufl., Wiesbaden 2016, S. 195-211.

Breunig, C. [2005] Auslaufmodell oder Wiederbelebung durch Digitalisierung? Terrestrisches Fernsehen in Deutschland, in: Arnold, K./Neuberger, C. (Hrsg.): Alte Medien —neue Medien, Wiesbaden 2005, S. 158-175.

Bundeszentrale für politische Bildung [2017] Das duale Rundfunksystem, verfügbar unter: http://www.bpb.de/gesellschaft/medien-und-sport/deutsche-fernsehgeschichte-in-ost-und-west/245878/das-duale-rundfunksystem (abgerufen am 15.12.2018)

Busemann, K./Tippelt, F. [2014] Ergebnisse der ARD/ZDF-Onlinestudie 2014, Second Screen: Parallelnutzung von Fernsehen und Internet, verfügbar unter: http://www.ard-zdf-onlinestudie.de/files/2014/0708-2014_Busemann_Tippelt.pdf (abgerufen am 05.01.2019)

comspace GmbH & Co. KG [o.J.] Was ist Streaming?, verfügbar unter: https://www.comspace.de/de/news/glossar/s/streaming (abgerufen am 30.12.2018)

Deloitte GmbH [2018] Media Consumer Survey 2018, verfügbar unter: https://www.deloitte-mail.de/u/register.php?CID=141631293&f=21388 (abgerufen am 07.01.2019)

die medienanstalten – ALM GbR [2018] Digitalisierungsbericht 2018 Video - Digitalisierung vollendet – Wie linear bleibt das Fernsehen?, verfügbar unter: https://www.die-medienanstalten.de/fileadmin/user_upload/die_medienanstalten/Publikationen/Digitalisierungsbericht_Video_2018/Digitalisierungsbericht_Video_2018.pdf (abgerufen am 02.01.2019)

Egger, A./Eimeren, B. [2016] Bewegtbild im Internet: Markt und Nutzung digitaler Plattformen, verfügbar unter: https://www.ard-werbung.de/fileadmin/user_upload/media-perspektiven/pdf/2016/02-2016_Egger_Eimeren.pdf (abgerufen am 29.12.2018)

Eisele, F. [2017] DAZN statt Free-TV: Hier könnte bald die Champions League laufen, verfügbar unter: http://www.augsburger-allgemeine.de/sport/DAZN-statt-Free-TV-Hier-koennte-bald-die-Champions-League-laufen-id41472366.html (abgerufen am 02.01.2019)

Fischer, W. [2016] Digitale Fernseh- und Hörfunktechnik in Theorie und Praxis, 4. Aufl., Berlin/Heidelberg 2016.

Frees, B./Koch, W. [2018] ARD/ZDF-Onlinestudie 2018: Zuwachs bei medialer Internetnutzung und Kommunikation, verfügbar unter: http://www.ard-zdf-onlinestudie.de/files/2018/0918_Frees_Koch.pdf (abgerufen am 03.01.2019)

Geser, M. [2014] Strategieperspektiven für TV 2.0, Digitale Netzwerkmedien und ihre Auswirkungen auf Fernsehunternehmen, in: Altmeppen, K./Lantzsch, K./Will, A. (Hrsg.): The Business of Entertainment. Medien, Märkte, Management, Wiesbaden, 2014.

Graßau, G./Fleck, R. [2016] Medienlehre Fernsehen, in: Altendorfer, O./Hilmer, L. (Hrsg.): Medienmanagement, Band 2: Medienpraxis - Mediengeschichte -Medienordnung, 1. Aufl., Wiesbaden 2016, S. 17-44.

Groebel, J. [2014] Das neue Fernsehen, Mediennutzung - Typologie - Verhalten, Wiesbaden 2014.

Hachenberg, M./Schunk, H. [2018] Ritual als Relikt? Mediennutzung in konvergenten Medienwelten, in: Kochhan, C./Moutchnik, A. (Hrsg.): Media Management - Ein interdisziplinäres Kompendium, Wiesbaden 2018, S. 189-203.

Handel, U. [2000] Die Fragmentierung des Medienpublikums: Bestandsaufnahme und empirische Untersuchung eines Phänomens der Mediennutzung und seiner Determinanten, 1. Aufl., Wiesbaden 2000.

Hasebrink, U. [2009] Lineares und nicht-lineares Fernsehen aus der Zuschauerperspektive: Spezifika, Abgrenzungen und Übergänge, Hamburg, Hans-Bredow-Institut, 2009.

Holtz-Bacha, C./Peiser, W. [1999] Verlieren die Massenmedien ihre Integrationsfunktion? Eine empirische Analyse zu den Folgen der Fragmentierung des Medienpublikums, in: Hasebrink, U./Rössler, P. (Hrsg.): Publikumsbindungen. Medienrezeption zwischen Indivualisierung und Integration, München 1999, S. 41-43.

Huber, M. [2013] Was muss ein Fernsehgerät mitbringen, um internettauglich zu sein?, verfügbar unter: http://www.sueddeutsche.de/digital/tipps-zum-kauf-eines-fernsehers-was-muss-ein-fernsehgeraet-mitbringen-um-internettauglich-zu-sein-1.1597535 (abgerufen am 18.12.2018).

Interessenverband des Video- und Medienfachhandels in Deutschland e.V. [2017] Der Videomarkt in Deutschland 2017, verfügbar unter: http://www.ivd-online.de/marktdaten.html (abgerufen am 30.12.2018)

IP Deutschland GmbH [2018a] SVOD-Nutzer schauen weiterhin lineares Fernsehen, verfügbar unter: https://www.ip.de/fakten_und_trends/fourscreen/fourscreen_trends/ausgabe_112018/svod-nutzer_schauen_weiterhin_.cfm (abgerufen am 08.01.2019)

IP Deutschland GmbH [2018b] Durchschnittlicher ROI pro Medium, indiziert vs. TV-ROI Mono (FMCG), siehe digitaler Anhang, S. 1.

IP Deutschland GmbH [2018c] Addressable TV – spotbasierte Werbemöglichkeiten, senderübergreifende Basispräsentation, verfügbar unter: https://www.ip.de/load-file.cfml?file=M9P%2EHPH%5F%23K%28RYCCXC61I%23I%5BEXC%5F%3A0D9%2AXISJ%40C%28%5C%28HIR%3EC%299%5C70%23CWHJ8%22%25%3A%5B%0A%3B9LW%2FZM%5F%21%254B9%40ZV%5CE%5BN1DIJ988N3CU%5E0%40IG%29%0A&type=application%2Fpdf (abgerufen am 15.01.2019)

IP Deutschland GmbH [2018d] Die neuen Cross-Device-Ansätze von IP, Next-Level-Targeting, verfügbar unter: https://www.ip.de/on-line/news/next_level_targeting.cfm (abgerufen am 15.01.2019)

Jacobsen, N. [2017] Das Apple-Imperium 2.0, Die neuen Herausforderungen des wertvollsten Konzerns der Welt, 2.Aufl., Wiesbaden 2017.

Kaumanns, R./Siegenheim, V. [2006] Video-on-Demand als Element im Fernsehkonsum? Ergebnisse einer Repräsentativbefragung, vefügbar unter: https://www.ard-werbung.de/fileadmin/user_upload/media-perspektiven/pdf/2006/12-2006_Kaumanns.pdf (abgerufen am 01.01.2019)

Kerkau, F. [2018] Videotheken schließen reihenweise, verfügbar unter: https://www.zeit.de/news/2018-10/24/videotheken-schliessen-reihenweise-181023-99-495057 (abgerufen am 30.12.2018)

Kimpeler, S./Mangold, M./Schweiger, W. [2007] Die digitale Herausforderung - Zehn Jahre Forschung zur computervermittelten Kommunikation, verfügbar unter: https://www.springer.com/de/book/9783531154770 (abgerufen am 29.12.2018)

Klingler, W./Turecek, I. [2015] Ergebnisse auf Basis der ARD/ZDF-Studie Massenkommunikation 2015, Medienzeitbudgets und Tagesablaufverhalten, verfügbar unter: https://www.br.de/unternehmen/service/medienforschung/medienzeitbudgets-tagesablaufverhalten-2015-texte-links-media-perspektiven-100~attachment.pdf? (abgerufen am 02.01.2019)

Kupferschmitt, T. [2018] Ergebnisse der ARD/ZDF-Onlinestudie 2018, Onlinevideo-Reichweite und Nutzungsfrequenz wachsen, Altersgefälle bleibt, verfügbar unter: http://www.ard-zdf-onlinestudie.de/files/2018/0918_Kupferschmitt.pdf (abgerufen am 30.12.2018)

Kurby, P. [o.J.] Was ist Binge-Watching? Bedeutung, Definition, auf deutsch, Übersetzung, verfügbar unter: https://www.bedeutungonline.de/was-ist-binge-watching-bedeutung-definition-auf-deutsch-uebersetzung/ (abgerufen am 11.01.2019)

Legge, A. [2012] Lineares TV ist tot - es lebe das lineare TV, verfügbar unter: http://m.dwdl.de/a/35004(abgerufen am 04.01.2019)

Linner, A. [2016] Rechte-Gegner für Sky, So funktioniert das "Netflix des Sports", verfügbar unter: https://www.focus.de/sport/fussball/das-netflix-des-sports-kommt-wie-fans-ab-naechster-saison-fussball-schauen_id_5742676.html (abgerufen am 02.01.2019)

Lück, D. [2009] Der zögernde Abschied vom Patriarchat, Der Wandel von Geschlechterrollen im internationalen Vergleich, Berlin 2009.

Medienpädagogischer Forschungsverbund Südwest [2018] JIM-Studie 2018, Jugend, Information, Medien, verfügbar unter: https://www.mpfs.de/fileadmin/files/Studien/JIM/2018/Studie/JIM_2018_Gesamt.pdf (abgerufen am 07.01.2019)

Modenbach, G. [2014] ROI-Analyzer, Der ROI von TV-Werbung, Grundlegende Erkenntnisse zur Abverkaufswirkung von TV, verfügbar unter: https://www.sevenonemedia.de/documents/924471/1111580/SevenOne+Media+ROI+Analyzer.pdf/dab3bd4e-e90f-2271-7503-846ba5c6d065, (abgerufen am 15.01.2019)

Moring, A. [2017] Zeitungsverlage zu neuem Wachstum führen, Strukturen vereinfachen, Qualität sichern, Märkte ausschöpfen, Wiesbaden 2017.

Netflix Inc. [o.J.] Netflix-Chronik, Ein kurzer Überblick über das Unternehmen, das den Film- und Seriengenuss revolutionierte, verfügbar unter: https://media.netflix.com/de/about-netflix (abgerufen am 02.01.2019)

Paluszkiewicz, M. [2018] Faces: Michael Paluszkiewicz, Sales Director Addressable TV, verfügbar unter: https://www.ip.de/fakten_und_trends/fourscreen/fourscreen_trends/ausgabe_042018/faces_michael_paluszkiewicz_.cfm, (abgerufen am 15.01.2019)

PricewaterhouseCoopers GmbH [2018] German Entertainment and Media Outlook 2018-2022, verfügbart unter: https://www.pwc.de/de/technologie-medien-und-telekommunikation/gemo-2018.pdf (abgerufen am 15.01.2019)

Rieber, D. [2017] Mobile Marketing, Grundlagen, Strategien, Instrumente, Wiesbaden 2017.

Schader, P. [2016] "Entertain TV": Live und On-Demand verschmelzen, verfügbar unter: https://m.dwdl.de/a/55722 (abgerufen am 29.12.2018)

Schulze-Siebert, J. [2014] Die Vorteile der Mediatheken von ARD, ZDF und RTL Now, verfügbar unter: https://trusted.de/die-vorteile-der-mediatheken-von-ard-zdf-und-rtl-now (abgerufen am 01.01.2019)

Schütte-Gravelaar [o.J.] TV-Reichweite nutzen: Schnell und addressable, verfügbar unter: https://www.ip.de/addressable_tv/news/tv-reichweite_nutzen_schnell_.cfm, (abgerufen am 15.01.2019)

Schütte-Gravelaar [2017] Addressable TV: Wie Fernsehwerbung mit der digitalen Vermarktungstechnologie verschmilzt, verfügbar unter: https://www.adzine.de/2017/12/addressable-tv-wie-fernsehwerbung-mit-der-digitalen-vermarktungstechnologie-verschmilzt/, (abgerufen am 15.01.2019)

Screenforce [2018] Studie „Branding als Basis für Performance: Kauf! Mich! Später!" Screenforce untersucht das komplexe Zusammenspiel von Markenaufbau und Abverkauf, verfügbar unter: https://www.screenforce.de/themenbereich/kauf-mich-spaeter (abgerufen am 14.01.2019)

Screenforce [o.J.] Werbewirkung: Das ROI-Medium, verfügbar unter: https://www.screenforce.de/fakten/werbewirkung/die-rolle-von-tv-als-multiplikator-im-mediamix (abgerufen am 15.01.2019)

SevenOne Media GmbH [2018] Media Activity Guide 2018, verfügbar unter: https://www.sevenonemedia.de/documents/924471/1111769/Media+Activity+Guide+2018/0d7f33af-210a-682c-6c21-9aad7ae863f8 (abgerufen am 03.01.2019)

Statista GmbH [2017] Immer mehr Fernseher sind "smart", verfügbar unter: https://de.statista.com/infografik/10912/anteil-von-smart-tvs-am-absatz-in-deutschland/ (abgerufen am 20.11.2018)

Statista GmbH [2018] Monatlicher Verbraucherpreisindex für Fernsehgeräte in Deutschland von Januar 2011 bis November 2018, verfügbar unter: https://de.statista.com/statistik/daten/studie/167666/umfrage/monatsweise-entwicklung-des-verbraucherpreisindex-fuer-fernsehgeraete/ (abgerufen am 22.12.2018).

Statista GmbH [2019a] Anzahl der aktiven Videokonsumenten nach ihrem Zugang zu Videos in Deutschland in den Jahren 2012 bis 2017 (in Millionen), verfügbar unter: https://de.statista.com/statistik/daten/studie/457253/umfrage/aktive-videokonsumenten-in-deutschland/ (abgerufen am 30.12.2018)

Statista GmbH [2019b] Reichweite der Tagesschau in den Jahren 1992 bis 2017 nach der durchschnittlichen Anzahl der Fernsehzuschauer (in Millionen), verfügbar unter: https://de.statista.com/statistik/daten/studie/182978/umfrage/reichweite-der-tagesschau-seit-1992/ (abgerufen am 13.01.2019)

Statista GmbH [2019c] Marktanteile der einzelnen Mediengattungen an den Bruttowerbeerlösen in Deutschland von Januar bis November 2018, verfügbar unter: https://de.statista.com/statistik/daten/studie/225279/umfrage/markanteile-der-mediengattungen-im-bruttowerbemarkt/, (abgerufen am 15.01.2019)

Statista GmbH [2019d] Anzahl der TV-Haushalte in Deutschland von 2007 bis 2018 (in Millionen), verfügbar unter: https://de.statista.com/statistik/daten/studie/272794/umfrage/anzahl-der-haushalte-mit-tv-empfang-in-deutschland/ (abgerufen am 15.01.2019)

Stiftung für Zukunftsfragen [2018] Freizeit-Monitor 2018, Die beliebtesten Freizeitbeschäftigungen der Deutschen, verfügbar unter: http://www.freizeitmonitor.de/zahlen/daten/statistik/freizeit-aktivitaeten/2018/die-beliebtesten-freizeitaktivitaeten-der-deutschen/ (abgerufen am 02.01.2019)

The Nielsen Company Germany GmbH [2017] Werbeaufwendungen der Video-Streamingdienste nach Mediengattungen, verfügbar unter: https://www.nielsen.com/de/de/insights/news/2017/video-on-demand.html (abgerufen am 15.01.2019)

The Nielsen Company Germany GmbH [2018] Durchschnittliche Anzahl belegter Sender pro TV-Kampagne, siehe digitaler Anhang, S. 1-3.

Vertical Media GmbH [o.J.a] Wobei handelt es sich um Streaming?, verfügbar unter: https://www.gruenderszene.de/lexikon/begriffe/streaming?interstitial (abgerufen am 01.01.2019)

Vertical Media GmbH [o.J.b] Was ist ein Digital Native?, verfügbar unter: https://www.gruenderszene.de/lexikon/begriffe/digital-native (abgerufen am 05.01.2019)

Weis, F. [2012] Definition: Digital Native - Aufwachsen im digitalen Zeitalter, verfügbar unter: http://www.business-on.de/definition-native-digital-immigrant-jahrgaenge-_id37346.html (abgerufen am 05.01.2019)

Zentralverband der deutschen Werbewirtschaft e.V. [2017] Netto-Werbeeinnahmen der Medien (in Mrd. Euro), verfügbar unter: http://www.zaw.de/zaw/branchendaten/nettoumsatzentwicklung-der-werbetraeger/Anteile-am-Gesamtnettoumsatz_2001-bis-2016_Grafik.pdf, (abgerufen am 02.01.2019)

Zentralverband der deutschen Werbewirtschaft e.V. [2018] Wert der Werbung 2018, verfügbar unter: http://www.zaw.de/zaw/wert-der-werbung/fakten-und-zusammenhaenge/Wert-der-Werbung-2018_Web.pdf (abgerufen am 15.01.2019)